KB053178

출판, 노동, 목소리

출판, 노동, 목소리

지금껏 보이지 않았던 11인의 출판노동 이야기

숨쉬는
책공장

당신이 읽는 책은 그런 책이 아니다!

"책을 만드는 사람"인 출판노동자, 이들은 보통 "출판사가 펴내는 책은 출판사의 얼굴이자 정신"이라는 매력에 빠져 노동을 시작한다. 그러다가 문화 세계와 인문 정신에 이바지해야 하지만 돈도 돼야 한다는 야릇한 방침에 동요하다 "수당 없는 야근과 주말, 휴일 근무로 이어지는 장시간 노동"에 시달리고 "내 일을 하는 것보다 사장에게 흠 잡히지 않는 게 주된 일상"을 보낸다. 그러고는 "사회의 변화를 이야기하는 것이 책인데, 그 책을 만드는 회사는 이렇게 비상식적이란 말인가? 일을 하는 우리는 그냥 부품일 뿐인가?"라는 고민에 빠진다. 그나마 정규직이면 다행이지만 출판계에는 비정규직이, 아니 근로계약서도 쓰지 않은 사람들이 수두룩하다.

이런 이상한 책나라에서 벗어날 방법은 보통 두 가지다. 외주노동자가 되거나 노동조합을 만들거나. 그런데 둘 다 쉬운 삶이 아니다. 자유를 누리지만 수입이 일정하지 않고 제작 일정에 쫓겨 사는 외주노동자의 처지는 (출판사 대표들이 자주 쓰는 표현인) '단군 이래로' 나아지지 않았다. 그리고 "노동조합 활동을 한다는 것은 갈등의 바다에 나를 던지는 일"과도 같다. 사 측만이 아니라 비조합원과도 갈등하면서 "경영진과 같은 자리에서 노동조합을 비난하는 옛 동료들을 미워하"는 자신을 발견하게 되기 때문이다. 또한 거대 유통과 거대 서점에 좌우되는 시스템에서 벗어나겠다는 창업과 "지역 출판의 방식"도 어렵기는 마찬가지다. 책 속의 자유는 책을 만드는 사람들에게 허용되지 않는다.

회사를 벗어나 출판노동 자체를 생각하면 머리가 더 복잡해진다. 한 권의 책이 독자의 손까지 오려면 편집만이 아니라 책을 디자인하고 인쇄하고 배포하고 홍보하는 다양한 일들이 필요하다. 그런데도 편집자만 이야기되나? 어느새 "노동자들 사이에서도 위와 아래라는 구분"이 생긴 건 아닐까? 출판노동자는 어때야 한다, 라는 생각이 "출판에 대해 허영"은 아닐까?

출판노동에 관한 대단한 진실이 이 책에 담겨 있지는 않다. 이 책을 두고 출판노동에 관한 논쟁이 벌어질 수는 있으나 그 답은 이 책에 없다. 좀 비관적으로 말하면 우리는 그런 본질이 무의미한 시대를 사는데, 유독 출판에만 그런 본질이 있을 리 없다.

그런 본질보다는 출판노동자들이 직접 쓴 기록이라는 점에서 이 책은 소중하다. 각자가 솔직하게 이야기하기에 이야기의 결은 다를 수밖에 없다. 독자들이 그 다양한 결들을 느끼고 직접 판단하면 좋겠다. 독서가 텍스트라 불리는 내용만을 편식하는 과정이 아니라면 말이다.

하승우(땡땡책협동조합 땡초)

이것은 단 열한 명의 이야기일 뿐

이 책의 원고 집필을 제안받았을 때 가장 오래 생각했던 것은 '출판노동도 그저 노동의 한 분야일 뿐인데 왜 굳이 출판노동을 말해야 하는가'였다. 기획자에게 물었다.

"왜 출판노동자의 자기 고백이 책으로 나와야 하는 거죠?"

그러자 이런 대답이 돌아왔다.

"왜 출판노동자의 자기 고백이 책으로 나오면 안 되는 거죠?"

_정유민, 〈자판기 뒤에 사람 있어요〉

이 책을 거창하게 수식하고 싶은 욕구를 누르고 가장 단순하게 표현한다면 '출판노동자들의 자기 고백' 정도가 될 것이다. 열한 편의 자기 고백들 중 하나에 내 글이 들어간다면 별 위화감이 없었을 듯한데, 내가 이제 써야 하는 건 '기획의 말' 내지는 '여는 글' 같은 것이다. 걱정이 좀 되지만 아무쪼록 편하게 쓰겠다. 내가 뭐라고 쓰든 책은 기어코 열릴 테니까.

나는 이 책을 함께 기획한 강준선 씨를 5년 전쯤인가 트위터에서 처음 만났다. 미남에 어딘가 다른 별의 언어를 쓰는 느낌이었고 그 시절의 나처럼 닉 혼비와 요시다 슈이치를 좋아했다. 작년에야 실제로 만나게 됐는데(이분의 명함 뒷면에는 아니나 다를까 닉 혼비의 소설 구절이 발췌돼 있었다), 출판노동자들의 목소리를 담은 책을 같이 만들어 보지 않겠느냐는 제안을 받았다. 당시 4년 다닌 회사를 쫓기듯 그만두고 외주 교정 교열 일로 버티던 나는 별 고민 없이 수락했다. 경력 구직 원서를 아무리 내도 면접 보러 오라고 하는 곳이 없었고, 생활을 근근이 유지할 정도로만 맡고 싶었던 외주 일은 바야흐로 생활 전부를 잡아먹고 있었다. 그런 마당에 신생 출판사에 다니는 '트친'의 갑작스런 제안을 받아들인다고 한들 내 생활이 더 나빠질 것도 좋아질 것도 없어 보였다. 다만 출판사 대표들도 아니고 노동자들의 사는 이야기를 굳이 책으로 내겠다는 무모함에 끌리긴 했다. 따지자면 좀, 이상한 사람들(트친이 다니는 출판사 대표도 만나 보니 몹시 이상했다) 아닌가? 예나 지금이나 나는 '이상한' 것에 속절없이 끌린다.

처음 이 책의 콘셉트를 잡을 때 반사적으로 떠올렸던 카피들이 있다. "출판노동자 분투기", "이것은 왜 출판이 아니란 말인가?" 짐작하겠지만 《편집자 분투기》, 《이것은 왜 청춘이 아니란 말인가》의 패러디다. 전 직장에서 호되게 경험한 노동조합 활동 때문이 아니더라도, 나는 늘 이런 것에 의아함을 느껴 왔다. 대외적으로 '출판'에 대해 말할 권리는 성공한 대표들에 게만 있는 걸까? 아니면 자칭·타칭 출판평론가 몇몇에게? 뭐, 충분히 그럴 수도 있었다. 그들이 한국 출판계에서 일궈 온 업 적과 위치를 인정하는 일, 그걸 이어받아서 더 분발하는 일이 부당하게만 느껴질 리는 없다. 하지만 이걸로 문제는 해소되 지 않는다. 그래, 그거야말로 진정한 '출판'이라고 하자. 그렇다 면 내가 매일 하고 있는 '이것', 기존에 나와 있는 출판 관련 책 들을 뒤져도 나오지 않는 이 애매하고 고단하고 비루한 하루 는 뭐라고 불러야 할지 난감했기 때문이다. 수습(修習) 출판? 출판 전초전? 알다시피 우리의 코앞에 놓여 있는 출판사의 일 상은 내로라하는 출판 기획자들의 회고담처럼 멋지고 짜릿한 것이 아니다. 출판으로 한 번도 '성공'해 보지 못한 이들의 출 판은 뭐라고 불러야 하는 걸까. 어디 가서 자신 있게 '편집자란 무엇인가'에 대해 설명할 수도 없고, '책으로 세상을 편집'하는 것은 꿈도 꾸기 힘든, 세상은커녕 업계도 들었다 놓을 자신이 없는 축에 나는 속했다.

　하지만 그런 나에게도 '책'은 더없이 가깝고 정다운 것이었 다. 내 몸을 제외하고 책만큼 자주 만지는 사물이 또 있을까. 나는 책으로 놀고, 책으로 돈을 벌고, 책으로 공부하고, 책으로 사람을 사귀고, 책으로 수다를 떨고, 책으로 쉬고, 책으로 나 자신을 알고, 책으로 세상과 만나 왔다. 어떤 자랑스러움이나 부끄러움도 없이, 그렇게 생각한다. 그리고 내 경험에 따르면 이런 사람들은 출판계에 흔하다. 당장의 업무들에 쫓겨 거창한 꿈은 꾸지 못할지언정 책과 물질적·정신적 생활을 떼어 놓을 수 없는 이들의 하루하루에도 이름이 있어야 한다고 생각했다. 그리고 그 하루에 대해 각자 '말'을 할 수 있어야 한다고 생각했다. 그게 뭐 대단한 이야기라고 책으로까지 엮느냐 묻는 사람들에게, 대단하지 않으니까 엮어 보자는 거라고 설득하고 싶었다.

> 이런 내가 뭘 이야기한단 말인가. '모범이 될 만한 성공 사례도, 드라마틱한 무용담도 없는, 시행착오의 연속일 뿐인 내 편집자 생활이 기록으로 남을 가치가 있나?' 하는 의문이 들었다. 하지만 나의 평범하다 못해 흔해 빠진 경험 속에서 느낀 점들을 이야기하는 것에도 나름의 의미가 있으리라 생각했다.
> _황현주, 〈대나무 숲 속 귀족들?〉

다행히 우리를 위해 '출판노동'이라는 이름이 마련돼 있기는 했다. 그린비출판사의 노동 탄압 문제나 근래 쌤앤파커스 성폭력 사건·자음과모음 부당전보 사건 등 출판업계의 심각한 노동 문제가 이슈화되고 그에 대응하는 출판노동조합협의회(전국언론노동조합 산하)의 활동이 활발해지면서, '출판노동', '출판노동자'라는 단어가 점점 대중화되고 있다. 하지만 역시 이것으로도 문제는 끝나지 않는다. '출판노동'이라고 붙여 말하지만, '출판'과 '노동'의 사이는 여전히 멀기만 한 것 같기 때문이다. 같은 업계에 출판을 '말할 수 있는' 사람들과 노동을 '말해야만 하는' 사람들이 각각 따로 존재하는 것 같다. 실제 출판노동자들의 삶 속에서 그 두 가지는 전혀 분리될 수 없는 하나인데도, 우리의 '출판'과 우리의 '노동'은 모종의 방해로 서로 만나지 못하고 있는 게 아닌가 싶었다.

이런 구구절절한 이유로, 함께 이 책을 기획하게 됐다. 우리는 작년 여름 내내 모두 열한 명의 출판노동자(디자인, 영업, 편집, 홍보 등의 부서를 포괄했고, 경력과 성별, 회사원/프리랜서 신분도 고루 섞고자 애썼다)를 섭외하고, 사전 인터뷰를 진행했다. 이런 방식으로 기획을 해 본 경험도, 인터뷰어 경험도 없어서 더없이 서툴렀지만 나에게는 오래 기억에 남을 시간이었다. 직접 얼굴을 맞대고 그들의 진솔한 이야기를 들으면서야 비로소 나는 내가 왜 이 책에 참여했는지 깨달았다. 바로 그들 하나하나의 삶 속에서는 '출판'과 '노동'이 따로 놀지 않았기 때문이다. 총체적인, 구체적인, 힘주어 고개를 끄덕일 수밖에 없는 진짜 '출판노동'을 만나는 느낌이었다.

물론 이것은 단 열한 명의 이야기일 뿐이므로, 모든 출판노동자들을 대변하기는 불가능하다. 하지만 중요한 점은 이것이다. 바로 이 열한 명이 모두를 대변할 이유가 없다는 것. 몇 개의 출판인 성공담이 대다수 출판인들의 삶을 대변하지 못하듯이, 이 열한 명의 가지각색 이야기 또한 대표성을 가질 수도, 가질 필요도 없다. 그저 이렇게 열한 명을 만났듯이, 자꾸 걸어 나가서 온 세상 어린이들 다 만나는 기분으로, 훨씬 더 많은 출판노동자들의 삶을 계속 만나면 좋겠다. 이 책이 그 출발 지점이 된다면 얼마나 행복할까.

나는 이 책의 첫 독자인 것이 참 기쁘다. 몰입해서 초고를 하나씩 읽어 가던 새벽에 알 수 있었다. 이건 그동안 내가 갖고 싶었고, 읽고 싶었던 그 책이다. 그런 책에 참여할 수 있게 해 준 숨쉬는책공장과의 인연이 고맙다. 조금은 무모하지만 용기 있고 따뜻한 이 책공장이 오래도록 건강히 숨 쉴 수 있기를 바란다.

2015년 여름,
기획자를 대표해 양선화

일러두기

- 출판사명은 글쓴이가 재직 중인 경우 실명을, 그렇지 않은 경우 실명과 상관없이 영문으로 기재했다. 단, 첫 번째 글의 글쓴이 소속은 작업 막바지 과정 중에 퇴직이 이뤄졌기에 예외를 두어 실명으로 기재했다.

- 책의 후반부에 전국언론노동조합 출판노동조합협의회가 작성한 '2015 출판노동 실태조사 보고서'를 수록했다. 이 보고서를 수록함으로써 11명의 출판노동자들의 목소리 외에 좀 더 많은 출판노동자들에 대한 객관적인 정보를 제공하려 했다.

차례

우리의 출판노동 이야기

100일의 활동과 900일의 노동의 기록

고아영
전 그린비출판사 편집부

출판사에서 일한다고 하면 사람들은 대개 나와 정말 잘 어울린다는 말을 해 준다. 그러면 나는 마치 스스로에게 묻는 듯 되묻곤 한다.

"정말 그런가요?"

헤아려 보니 출판사 편집부에서 일한 지 33개월이 됐다. 사실 입사 전에는 출판사에서 일하고 싶다는 생각을 해 본 적이 없다. 책 읽기를 좋아하고, 책을 쓰는 사람이 되고 싶다는 욕심은 품어 봤지만 책을 만드는 사람에 대해서는 생각조차 해 본적이 없는 것이다. 시장에서 팔리는 모든 상품은 누군가에 의해 만들어지는데, 출판 역시 그 '일'을 직접 해 보기 전에는 잘 모르기 쉬운 부분인 것 같다. 그리고 만드는 과정을 생략해 생각하기 쉽다는 점에서 책은 마치 상품이 아닌 듯, 참 잘 만들어진 상품이라는 생각이 든다.

편집자는 아무리 책에 공을 들여도 그 책이 자신의 것이 아니라는 생각으로 한발 물러서게 되기 마련이다. 그럼에도 오로지 책에 대한 애정만으로도 열심히 일을 하게 된다. 아낌없이 나의 시간과 노력을 바쳐도 좋을 것만 같은 '출판노동'의 특수성이라 하는 것도 같은 이유에서 비롯되는 것일 테다. 대학 졸업을 앞두고 아무 곳에도 입사 원서를 쓰지 않았던 내가 출판사에 지원서를 보내기로 마음먹은 것도 이와 같은 책에 대한 애정과 호기심, 그리고 환상 때문이었을 것이다.

*

당시 회사에서 추진하던 웹 기반 사업의 단기(4개월) 계약직 채용 공고를 보고 지원했고, 몇 차례의 면접과 과제 수행을 거쳐 편집부에서 일하기로 계약했다. 구두 계약이었으나 그때 나는 회사를 다니면 근로계약서를 써야 한다는 사실을 알지 못했으니, 6개월 동안은 서로가 잘 맞는지 알아보는 기간으로 하고 그동안의 임금은 얼마라는 말에 별다른 의문이 들지는 않았다. 면접 때는 당연히 긴장됐지만 어떤 책이나 출판 현황에 대한 지식보다 주로 내가 어떤 사람인지를 물었기에 내 생각을 솔직하게 대답했다.

두세 번에 걸친 면접은 즐거운 대화 속에 진행됐고, 면접을 볼수록 이 회사에서 일하고 싶다는 생각이 더욱 커졌다. 당시 사장님의 질문 하나에 대답을 제대로 하지 못해서 떨어졌구나 싶었던 순간이 있었는데, 앎과 삶의 일치에 대해 어떻게 생각하느냐는 질문이었다. 앎도 잘 모르겠고 삶도 잘 모르겠는데 그 둘의 일치라는 건 짐작도 하기 어려워서 나는 잘 모르겠다고 했다. 그리고 이후 회사에서 여러 사건들을 겪으며 나는 이 질문을 다시금 떠올리게 되는 때가 많았다.

　　처음 일을 배울 때는 전부 새로운 것이었기에 과정 하나하나가 재미있었다. 누구와 어떤 형태의 고용 계약을 맺는지 관심을 갖기 이전에, 내가 책을 만드는 일을 한다는 게 좋았다. 책과 종이에 둘러싸여 있는 기분도 좋았고, 그 책이 내가 이전까지 알던 책이 아니라 표지와 앞날개, 뒷날개, 세네카, 면지, 도비라, 하시라 등으로 이루어진, 논리적으로 잘 짜인 하나의 세계라는 새로운 시각으로 책을 만지는 것도 마음이 부푸는 일이었다. 추운 겨울날 파주 창고에서 먼지 쌓인 선반 위의 책들을 나르고 정리하면서도 '와, 이게 전부 우리 회사 책이구나' 하고 감탄하며 신이 났고, 책을 만드는 일이 어떤 건지 더 알고 싶고 배우고 싶었다.

　　요즘은 출판학교를 거쳐서 출판사에 들어오는 경우가 많다는 것을 나중에 알게 됐는데, 당시의 나는 처음 보는 교정지를 앞에 두고 어디에 빨간 펜을 갖다 대야 할지 몰라 한참을 멍

때리고 있는 '초짜'였기 때문에 주간님이 직접 편집 일을 가르쳐 주셨다. 그날그날 새롭게 배우고 알게 된 것들을 일기로 적었고, 인트라넷 사용법부터 전화 받는 법, 손님을 맞이하는 법, 커피머신 사용법, 생수통 교체하는 법, 화분 관리 같은 사무실 생활도 착실하게 배웠다. 그렇게 새로운 생활과 관계들에 잘 스며들고 싶었다.

처음 회사에서 가장 많이 배운 것은 이처럼 책을 만드는 일 자체보다 생활 태도나 마음 수련에 가까웠다. 이를 테면 주위의 소소한 것 하나도 대충 보아 넘기지 않는 세심함을 갖춰야 한다거나, 봉투 하나를 포장할 때도 받아 보는 독자의 마음을 생각해야 한다는 등의 가르침이었다. 대학 시절 많이 고민했던, 하고 싶은 일이라는 것은 그저 돈을 벌기 위한 것만은 아니었기 때문에, 나는 새로운 '배움'이 있는 일터를 만난 것에 감사하며 회사 생활을 시작했다. 하지만 이 시기는 3개월 남짓으로 짧게 끝이 났다. 이제 그 시절은 먼 과거가 돼 잘 기억도 나지 않는다. 다만 그때 배운 것들은 무엇이었을까 하는 의문만이 내게 남아 있다.

그날 아침의 풍경은 뚜렷하게 기억하고 있다. 2012년 5월이었고 내가 머리를 붉게 염색하고 출근한 월요일이었다. 회사에서는 매주 월요일 아침마다 편집부와 디자인팀, 웹마케팅팀이 모두 회의 탁자에 둘러앉아 회의 자료를 돌아가며 읽고 이야기하는 전체회의를 진행했는데, 그날 아침따라 회의가 평소보다 일찍 소집됐다. 보통은 주간님이 회의를 주재하셨는데 웬일인지 그날은 주간님이 참석하지 않으셨고, 주간님이 회사를 그만두셨다는 사실을 당시 부장님이 발표하는 것으로 회의는 짧게 끝났다. 그날 이후 회사에서 전체회의가 열리지 않았으니, 그게 마지막 회의가 됐다.

주간님의 퇴사 소식은 모두에게 커다란 충격이었다. 하지만 그날의 사건은 충격의 끝이 아니라 시작이었다. 그 주에 사무실에서 세 명이 책상을 비웠고, 2주 뒤에 한 명이, 3주 뒤에 또 한 명이 회사를 떠났다. 그리고 이후로도 퇴사 행렬은 이어졌고, 남아 있는 사람들은 침묵에 잠겼다. 매일 얼굴 보던 사람들이 이렇게 단번에 회사를 그만두고 떠난다는 것이 내겐 무척 충격이었지만 그 이유는 누구에게도 물어볼 수가 없었다.

사표 수리는 재깍재깍 처리되는 듯했다. 사무실에는 온종일 긴장감이 감돌았다. 이따금씩 짐을 싸느라 쫘악 쫙, 박스테이프를 뜯는 소리만이 정적을 깼는데, 지금도 그 소리는 내게 당시의 퇴사 행렬과 팽팽한 긴장감을 상기시키는 트라우마처럼 남았다. 그때 내게 가장 힘들었던 것은 그 침묵이었다. 분명히 회사에 무슨 심상찮은 일이 벌어지고 있는데 누구도 내게 아무런 이야기도 해 주지 않았다. 마치 물어서는 안 된다는 규율이 정해져 있는 것처럼, 무엇도 궁금해해서도 안 될 것 같은 분위기 속에서 내가 의지할 곳은 나와 같은 해에 입사한 동기뿐이었다. 아무것도 모르는 우리는 서로 다독이며 날마다 사무실의 긴장감을 함께 견뎌 나갔다.

그해 5~6월은 당시 회사에 있던 사람들이 저마다 다르게 기억하고 있으리라 생각한다. 그만큼 회사에서는 많은 것들이 비밀스럽게 진행되고 있었고, 이후 회사에는 큰 변화가 있었다. 회사는 인문사회 학술서를 주로 펴내는 출판사로, 같이 작업하는 저자 선생님들도 대부분 학계에 계신 분들이다. 이런 환경은 문과대학을 졸업했지만 철학입문 교재 외에 변변한 철학책 한 권 제대로 읽어 본 적 없던 내게, 다시 인문학 공부에 대한 욕구를 자극했다. 그런데 당시 회사에서 벌어진 일들과 소통 부재는 비판적 성찰이나 대화 같은 것을 추구하는, 내가 막연하게 생각하던 인문학의 정신 혹은 자세와는 너무 어울리지 않는 것이었고, 나는 그 괴리감을 이해하기 힘들었다. 출판사가 내는 책은 출판사의 얼굴이자 정신일 것이다. 그런데 그날 이후 회사에서는 점점 더 매출과 출간 종수만이 중요하게 이야기됐고, 회사는 얼굴도 정신도 흐릿해진 것만 같았다.

회사는 일터다. 그런데 나의 일터에는 회사 업무에 더해 더 많은 것을 함께하는 사람들이 있다. 성격도 생각하는 것도 스타일도 제각각인 여덟 명의 사람들이 모이게 된 건 노동조합이 필요함을 느꼈기 때문이다. 아니, 어쩌면 그것이 처음부터 노동조합은 아니었는지도 모른다. 우리가 하루에 8시간, 10시간 때로는 더 많은 시간을 보내는 회사에는 무언가가 필요했다. 입사 후 2개월 정도까지 나는 대개 오후 6시면 퇴근했다. 출근

시간은 9시였는데 자율출퇴근제라고 해서 어떤 분들은 10시, 11시에 출근을 하기도 했다. 회사에는 회식이 거의 없다고 했고, 실제로 나는 전 직원 회식을 해 본 적이 없다.

그렇게 회사 생활을 익히며 적응해 가고 있었는데, 한 가지 의아한 점이 있었다. 내가 6시에 퇴근할 때 다른 편집부 선배들은 퇴근을 하지 않았고, 어떤 날은 아침에 출근을 해 보면 휴게실 소파에서 주무셨다고도 했다. 잘 모르는 내가 겉으로 보기에도 몇몇 선배들은 심하게 지치고 피로해 보여서 걱정스러울 정도였는데, 더욱 의아한 점은 아무도 피곤하다거나 싫은 내색은 하지 않는다는 것이었다. 그렇게 입사하고 2개월이 지난 4월 무렵에는 나도 거의 날마다 법인카드로 저녁을 먹은 뒤 야근 또는 세미나를 하고, 주말마다 자율적으로 사무실에 나오고 있었다. 처음으로 회사 선배들과 술을 마신 것도, 10시까지 야근을 한 어느 날 셋이서 사무실을 정리하고 나와 들어간 회사 근처 치킨집에서였다. 물론 누가 강제한 것이 아니었기에 야근 수당 같은 것을 요구할 생각은 하지 못했다. 추가수당 없는 야근과 주말 출근을 계속하면서도 법인카드로 저녁을 먹을 수 있다는 것에 감사했다.

일을 해서 처음으로 저자 교정지를 만들어 택배로 발송하던 순간의 기쁨은 지금도 생생하다. 그때 사장님의, 회사는 밥 먹여 주고 공부시켜 주는 곳이라는 말씀에 잠시나마 고개를 끄덕이기도 했다. 지금 생각하면 너무 순진해서 부끄러울 정도

인데, 법인카드로 저녁을 먹을 때 누군가 조금 비싼 메뉴를 주문하면 우리 회사에 돈이 그리 많지 않을 텐데 저렇게 비싼 것은 사치가 아닐까 하는 생각이 들기도 했다. 그리고 그해 7월에 노동조합을 창립했다.

*

노동조합이 금방 뚝딱 만들어진 것은 아니었다. 내가 입사하기 전부터 이미 수차례의 사전 모임과 논의를 거쳐 뜻을 모았다는 이야기를 나중에 전해 들었다. 처음 노동조합 가입 제안을 받았을 때, 나는 조금 놀라기는 했지만 별다른 저항감 없이 바로 수락했다. 회사에 퇴사 폭풍이 몰아친 뒤 이어지던 침묵과 긴장감을 그저 견디던 시기였기 때문에 회사 안에서 소통할 수 있는 창구라면 어떤 제안이든 반가웠던 것 같다. 내 인생에서 가장 커다란 실수일지, 아니면 가장 훌륭한 경험이라고 할지 알 수 없을 시간들은 그렇게 아무렇지 않은 작은 선택에서 시작됐다.

당시 나의 동기는 같은 제안에 많이 망설이는 듯했다. 그렇게 나는 조합원, 동기는 비조합원이 됐고, 우리는 점점 더 다른 길을 걷게 됐다. 조합 사람들은 동기가 아직 신입이고 더구나 수습이어서 느끼는 부담감을 충분히 이해하기에 기다리겠다고 했지만, 그래도 언젠가는 함께하기 위한 노력을 열심히 했다. 그런데 나는 사실 처음에는 우리가 함께 조합원이거나 비조합원이 아닌 것이 더 좋게 느껴지기도 했다. 처음 겪는 회사 생활에서 짧았지만 즐거운 시간과 힘겨운 시간을 함께 지나오는 동안 서로의 다르거나 비슷한 생각과 고민들을 터놓고 이야기했고, 그렇게 다져진 돈독함과 믿음이 있었기에 우리 둘이 어느 한쪽에 치우치지 않고 사이좋게 나란히 갈 수 있다면 그것도 좋겠다는 막연한 생각을 품었던 것 같다. 하지만 실제 현실은 생각처럼 그렇게 아름답지 못했다.

노동조합 활동을 한다는 것은 갈등의 바다에 나를 던지는 일 같다. 나를 둘러싼 주위, 그리고 내 안에 갈등이 온통 출렁이는 가운데 물러설 곳은 없다. 내가 지금 잘하고 있는지 확신하지 못하고, 과연 무엇을 위해 이 길을 가고 있는 것인지 회의하는 순간이 끊임없이 도전하듯 찾아오는 가운데, 계속해서 마음을 다잡으며 나아가는 것이다. 노동조합 활동에는 그렇게 우악스러운 면이 있다. 물론 그만큼 절박하기 때문일 것이다. 그런데 나의 경우 처음부터 노동조합의 필요성을 강하게 느껴서 조합원이 되기로 결정한 것은 아니었기 때문인지 그런 흔들림의 순간이 일찍부터 찾아왔다. 우선 내가 '노동자'이고 '회사'와 대립하고 있다는 것에서부터 개념적 혼란을 느꼈다.

지금 생각하면 참 이상한데 난 이전까지 한 번도 내가 '노동자'가 되리라는 생각을 해 본 적이 없었고, 내가 속해서 일하고 있는 회사를 타자화해서 지칭하는 것도 익숙하지 않았다.

조합원들이 '사 측' 사람들이나 회사를 떠난 사람들에 대해 안 좋게 말하는 이야기를 들을 때면 이 분들의 억눌렸던 분노와 노동조합을 만들 수밖에 없었던 상황들에 대해 조금씩 이해를 하는 한편, 자의적이거나 감정적인 말들이 불편하게 느껴지기도 했다. 나는 상당히 순진했고 무지했다. 아버지가 밤늦게 지친 모습으로 퇴근하시는 것을 어렸을 때부터 봐 왔는데도 나는 노동에 대해 알지 못했다. 그리고 이런 혼란은 조합 내에서는 공감받을 수 없는 것이었기에 나는 더욱 혼란스러웠다. 하지만 다행인지 불행인지 이 혼란에 대해서는 회사가 빨리 깨닫게 해 주었다.

오랜 기간 물밑에서 준비 중이던 노동조합이 수면 위로 떠오르자, 회사에서는 무슨 까닭에서인지 앞으로는 업무 시간을 9시부터 6시까지로 명확히 하겠다며 야근 금지 명령을 내렸다. 회사 출입 카드는 회수했고, 대신에 출퇴근기록기를 설치하고는 지각을 할 경우에는 분당 임금 삭감을 하겠다고 통보했다. 노동조합에게 첫 번째 과제가 주어진 셈이었다. 6시가 되면 회사에서 내쫓기듯 퇴근을 해야 하지만 그렇다고 업무량이 줄든 것은 아니기에 회사 밖에서 일을 해야 하는 상황에서, 지각시 분당 삭감은 여러 모로 불합리한 것이었다. 하지만 회사는 '무노동 무임금' 원칙과 회사의 '고유한 경영권'만을 주장했다.

임금도 임금이지만 무엇보다 화가 나는 것은 당시 관리부 장님이 아침에 지각한 사람을 불러다가 다른 직원들 앞에서

보란 듯이 다그치는 것이었다. 몇 분 지각을 이유로 그렇게 당하는 걸 지켜보는 것은 민망한 일이었고, 사람들을 그렇게 대하는 건 아니라는 생각이 들었다. 지각을 둘러싼 일련의 과정은 내가 처음으로 노동조합의 필요성을 직접 느낀 계기이기도 했고, 조합원과 비조합원의 차이가 드러난 계기이기도 했다. 비조합원들은 회사의 방침에 순순히 응했고 조합원들은 출퇴근카드 찍기를 거부하며 행동으로 대응했다. 이후 회사와 노동조합 사이에 법 해석적 공방이 몇 개월간 오갔고, 결국 출퇴근기록기는 사용하지 않게 됐다.

*

조합원과 비조합원이 처음부터 조합원과 비조합원이었던 것은 아니다. 사람들은 저마다 자신의 위치와 역할에 맞게 둔갑해 간다. 그렇게 얼굴이나 말투까지 끼리끼리 닮아 가는 모습은 놀랍고 무서울 정도다. 결국 조합원은 조합원답게, 비조합원은 비조합원답게, 사 측은 사 측답게 행동하고 말하게 된다. 그리고 상대가 잘못됐다는 근거를 쌓아 간다. 나는 나와 의견을 달리하는 비조합원 또는 사 측이라고 해서 특별히 이상하거나 나쁘다고는 생각하지 않으려 한다. 다만 비조합원이 말하는 상대적 진리라는 것은 더 이상 믿지 않는다. 그것은 자신이 누리는 것에 대해 생각하지 않거나 권력 관계에 눈을 감음으로써만 가능하다.

조합원과 비조합원의 관계는 처음에는 괜찮았지만 시간이 지날수록 틈이 벌어졌다. 노동자들 사이의 갈등은 회사에게만 유리하다. 이것을 잘 알고 있기 때문에 조합원들은 비조합원들과의 관계를 나쁘지 않게 유지하려 노력해 왔지만, 감정적 갈등이 생기는 것은 어쩔 수 없는 부분이었다. 내게도 이 갈등은 치명적이었다. 나와 동기는 같은 팀장 소속이었는데, 비조합원인 그 팀장님이 나와 동기를 대하는 것은 자의든 타의든 다를 수밖에 없었다.

우리는 아직 신입이고 한창 일을 배워야 할 시기였지만 어쩐지 나는 점점 더 그러기 힘든 상황에 놓이게 됐다. 그런데 동기는 마치 이러한 갈등이 보이지 않는다는 듯 한결같이 열심히 배우며 일을 했고, 내 마음속에는 동기를 미워하는 마음이 자라났다. 우리는 이에 대한 서로의 생각을 이야기해 보기도 했지만 결국 서로의 차이를 확인할 뿐이었다. 퇴근 후에도 조용히 혼자 있는 시간이면 동기와 나의 차이, 그리고 회사에서의 관계에 대한 생각은 머릿속을 틀어쥐고 나를 괴롭혔다. 그렇게 막막한 가운데 유난히 춥고 길었던 겨울이 왔고, 새로 이사한 작은 사무실에서 나는 두 번째 책을 마감했다.

그해 겨울은 많이 힘들었다. 사무실 이사 후 분위기가 더 우중충해진 가운데, 회사의 갈등 상황은 조금도 나아질 기미가 보이지 않았다. 사무실에 앉아 있는 것만으로도 온몸이 긴장돼서 뒷목이 당기고 숨이 잘 쉬어지지 않았다. 스트레스가 몸속에도 퍼졌는지 난생 처음 장염을 두 번이나 앓았다. 나는 여전히 노동조합 활동에 확신이 없었다. 내가 정말 맞는 길을 가고 있는 것인지, 이렇게 가다 보면 좋은 날이 오는 것인지 막막하기만 했다. 회사에 나가는 일은 조금도 즐겁지 않았다. 무엇을 위해 이 회사에 다니는 건지 이유를 찾아야 했다. 그런데 그 이유를 생각하면 결국 노동조합뿐이었다.

회사는 조합원들을 마치 잘나가던 회사를 망친 주범인 양 천덕꾸러기 같은 취급을 하고 있었다. 조합원들은 우스갯소리로 우리가 세 들어 사는 세입자 같다고 이야기했다. 연초에 승진한 두 명은 모두 비조합원이었다. 회사에서는 훌륭한 선배 편집자들도 노동조합 때문에 회사를 떠났고, 잘나가던 저자 선생님도 잘 팔리는 책을 조합원 때문에 회사에서 빼내 갔다고 했다. 전부 다 노동조합 때문이라고 했다.

정말 그런가? 그게 진실인가? 내가 보기에 그건 진실이 아니었다. 아니라고 말을 해야 했다. 지금껏 살아오면서 누군가로부터 이렇게까지 따가운 시선과 증오에 가까운 미움을 받아본 적이 없었다. 피하거나 맞서야만 했다. 그나마 과반수 노동조합이기 때문에 힘이 있고 조합원들과 함께여서 버틸 수 있었지만 만약 혼자서 그런 미움을 감당해야 했다면 나 같은 신입 나부랭이는 진작 견디지 못하고 회사를 그만두었을 것이다. 회사에는 노동조합이 있었고, 조합원들은 맞서서 목소리를 내기로 했다. 우리의 진실을 이야기하기로 했다. 회사로부터 노동조합을 인정받기 위한 투쟁이었다. 그러니까 나는 어쩌면 억울해서, 그 억울함을 풀기 위해 회사를 계속 다녔던 것 같다.

우리가 단체협약 준비를 서두른 것은 회사에서 벌어진 첨예한 사건 때문이었다. 분당 임금 삭감이 좌절된 이후 회사에서는 취업규칙에 징계 조항을 신설하겠다며 징계안을 만들어왔다. 노사 갈등은 갈수록 심화되고 조합원들을 겨냥한 의도가 다분해 보이는 조치들이 취해지는 상황에서 조합원을 보호하기 위해서는 하루 빨리 단체협약을 맺을 필요가 있었다. 열다섯 가지가 넘는 징계 사유를 포함한 징계안은 전직원 찬반투표에서 아슬아슬하게 부결됐지만, 이듬해 회사는 기어코 조합원 한 명에게 징계를 내렸다.

회사는 정말 편하다. 승진에 대해서는 회사의 고유한 인사권을, 징계에 대해서는 고유한 징계권을 주장하기만 하면 된다. 그 '고유한' 권리 주장을 하도 많이 들어서, 나는 도대체 천부인권도 아닌 회사의 고유한 권리는 어디에서 비롯되는 것인가 하는 심각한 고민에 빠지기도 했는데, 그것은 결국 기득권자의 대화 의지 없음이라는 표현에 불과하다. 취업규칙에는 징계 조항이 없었기 때문에, 징계 사유로는 해고 조항을 근거로 해 편집사고와 직장질서 문란, 근무태도 등 여러 가지를 들고 있었다. 조합원들은 이에 대해 강하게 항의했지만 마침내 회사는 노동조합이 인정할 수 없는 징계 사유와 절차를 통해 징계

위원회를 열었다.

　이렇게 회사가 시끄러운 상황에서도 비조합원들은 놀랍도록 묵묵히 회사 업무에 충실했고, 6시면 바로 퇴근했다. 회사와의 싸움에서 힘이 드니 비조합원에게도 더욱더 서운하고 화가 났다. 노동조합이 비조합원과 싸우고 있는 것은 아니라는 건 잘 알았지만, 저절로 생겨나는 감정은 어쩔 수가 없었다. 조합원들은 결국 회사 내부의 일들을 회사 바깥에 공론화하기로 결의했고, 4월 마지막 주 금요일에 노동조합의 이름으로 첫 번째 성명서를 발표했다.

　회사의 문제를 바깥에 알리기까지는 많은 고민과 떨림이 있었다. 하지만 공개하고 나서부터는 조합원들을 믿고 나아갔다. 아침 출근시간마다 파주 출판도시로 향하는 버스정류장 앞에서 피켓을 들었고, 저녁 퇴근 후 회사 근처 출판학교 앞에서 네 차례의 집회도 열었다. 날마다 그날의 활동을 노동조합 SNS와 블로그에 게시했다. 앞으로 상황이 어떻게 될지는 두렵고 막막했지만 오로지 그날그날의 활동에 충실했던 5월과 6월은, 회사에게는 눈꼴시었겠지만 조합원들에게는 눈부신 날들이었다. 뜻밖에 많은 사람들이 우리 이야기에 관심을 가져 주었고, 나는 평생을 두고 갚아야 할 빚을 진 느낌이었다.

　조합원들은 참 끈질긴 사람들 같다. 회사를 떠나간 사람들도 저마다의 힘든 이유로 쉽지 않은 결정을 했으리라 짐작한다. 하지만 그로 인해 내가 잘 알게 된 건, 남겨지는 사람들은 더 굳게 마음을 다잡아야 한다는 것이다. 회사가 싫고 마음에 안 들어서 그곳을 떠나는 선택을 할 수도 있지만, 여전히 그곳에 남아 조금이라도 더 다닐 만한 곳으로 만들어 보려는 사람들도 있다. 물론 회사는 조합원들이 그만두기를 바라겠지만, 이제는 노동조합이 있으니 아무리 누군가 마음에 들지 않아도 그전처럼 함부로 내버릴 수는 없다.

노동조합이 만들어진 뒤 회사는 이제 '회사'가 되겠다고 선언했고, 사내에는 많은 변화가 있었다. 이 변화들이 모두 우리가 바라던 것이었는지, 회사는 과연 '어떤' 회사가 됐는지는 시간을 두고 지켜볼 일이다. 하지만 분명한 건 이제 노동자가 회사와 동등한 협상테이블에 앉는다는 것이다. 노사 교섭은 서로가 동등하게 마주 앉는 자리인 동시에, 상대는 사용자이고 나는 노동자임을 드러내 놓고 대면하는 자리다. 노동자로서 합법적으로 요구할 수 있는 자리인 한편, 업무성과 평가나 매출 하락, 회사 운용 개념 등에 대해 두려울 것 없는 갑의 말들을 있는 그대로 받아 내며 고용관계의 현실에 직면하는 자리다. 그럼에도 노동조합이 무모하리만큼 당당하게 주장할 수 있는 건, 조합원들이 똘똘 뭉쳐 있기 때문이다. 피케팅 시작 이후 6개월 넘게 협상을 했고, 13차까지의 단체교섭과 4차 임금교섭을 거쳐 마침내 첫 번째 임금 및 단체협약을 체결했다.

그동안 조합원 모두는 쉴 새 없이 달려왔다. 편집은 호흡이 긴 작업이어서 한 권의 책을 만드는 동안 편집자는 원하든

원치 않든 그 속에 빠져 있을 수밖에 없다. 그렇지 않으면 책의 연결고리 어딘가가 삐거덕대고, 책이 잘 나오지 못할 것이다. 그런데 노동조합 활동으로 바쁜 동안에는 작업 중인 책에 온전히 몰입할 수 없었던 게 사실이고, 그럴수록 퇴근 후 집에 와서도 교정지를 더욱더 붙들고 있었다. 그렇게 회사 일과 노동조합 일 무엇 하나 놓지 못해 밤낮 없이 일을 해도, 노동조합 활동을 하지 않을 때에 비해 편집 일에 집중하기 힘들 수밖에 없었고, 책을 내는 속도가 더딜 수밖에 없었다. 이것은 임금협상에서 회사에게 꼬투리를 잡히거나 비조합원과 비교의 대상이 되는 좋은 빌미가 된다.

*

좋은 책이 무엇인가 하는 고민이 회사에서 사라진 지는 오래됐고, 회사는 내게 단지 책을 빨리 만들 것을 주문했다. 책을 더 나아지게 만들고자 시간과 노력을 들이는 것은 죄책감으로 돌아오고 나의 생활을 갉아먹었다. 나의 노동이 나의 삶을 부정하지 않는 것이기를 바랐지만, 나는 누구도 내게 바라지 않는 것을 위해 자본을 낭비하는 한심한 사람이 됐다. 저녁이 없고, 주말이 없고, 추가수당이 없는 재택근무가 계속되는 것 자체도 힘이 들지만, 몸이 힘든 것보다 나를 더 지치게 했던 것은 이런 생각들이었다.

노동조합 일은 대부분 사람들과 같이 하는 일이고 의견 수합과 회의가 일상이다. 때로는 공문 하나를 쓸 때도 조합원 여덟 명이 생각을 모아 마치 하나의 뇌처럼 움직이곤 했으니, 나는 아마 회사에서 사람들과 함께 일하는 법을 노동조합에서 배웠다고 해야 할 것이다. 그렇게 3년 가까이 지내며 나는 조합원으로 길러졌고, 배움이 있는 일터를 만난 것에 감사했듯 일찌감치 노동조합을 만난 것에 감사한다.

노동이 무엇인지 고용관계가 무엇인지도 모르고 입사했지만, 이제는 노동자로서 노동권을 지키며 회사를 다니는 것이 얼마나 힘든 일인지 잘 알고 있다. 좋은 책을 낸다고 알려진 인문 출판사에서 노동 탄압이 벌어지는 현실이 드물거나 놀랍지 않다는 것도 알고 있다. 하지만 이런 현실을 홀로 감당하는 게 아니라 함께 모이면 서로 힘이 돼 줄 수 있다는 것도, 그러나 함께하는 것 역시 어려운 일이라는 것도 알게 됐다.

어디서나 그렇듯 나쁜 적과의 싸움보다 더 어렵고 힘든 것은 우리 안의 갈등이다. 한때는 같이 있다는 것만으로도 마음 속 깊이 든든해지고, 나의 작은 생각으로는 갈피를 잡을 수 없는 상황에서도 내 부족함을 채워 줄 조합원들이 있으니 괜찮다고 느꼈는데, 어느 순간부터 조합원들에게 흠을 잡히지 않으려 애쓰고 있는 나를 발견했다. 서로 많은 것을 이해해 줄 수 있으리라 믿었던 관계였기에 어느 순간 드러난 벽은 더욱 서운하고 못마땅한 것이었다. 서로 다른 사람들이 함께 일을 도

모하는 조직에서 내부의 갈등은 자연스러운 것이라고들 하지만, 그 갈등을 조율하고 풀어 나가는 과정은 결코 자연스럽지 못하다.

함께 많은 일을 겪고 노동조합 활동 경험이 쌓여 갈수록 조직 운영과 투쟁 방향 등에서 의견 차이는 숱하게 드러나고, 그 차이가 감정적 갈등으로 번질수록 서로 간에 마음의 바닥마저 보게 된다. 이는 결국 더 이상 논리적으로 옳고 그름을 따질 수 없는 범위의 것이 된다. 노동조합 안에도 이해관계는 없을 수 없고, 내가 덜 힘들면 다른 사람은 더 힘들다. 그럴수록 서로의 노력에 대한 존중과 배려, 무엇보다 지치지 않도록 챙기면서 같이 가려는 마음이 어느 때보다 중요한데, 모두가 자신이 가장 힘들고 참고 노력하고 있다 생각하며 다른 사람을 탓하기 시작하면 탈출구는 없다.

회사든 노동조합이든 사람들이 어떤 일을 같이할 때 중요한 것은 무엇일까? 많은 것이 있겠지만, 내가 노동조합 활동을 하면서 배운 것은 어떤 훌륭한 일보다 중요한 것은 그 일을 하고 있는 '사람'이라는 것이다. 내 곁에 있는 사람의 고통을 헤아리지 못하면서 일구어야 할 좋은 가치나 좋은 책, 좋은 공동체라는 것은 결국 오래 못 가 부서지고 마는 게 아닐까. 회사가 분열되고 노동조합이 갈등으로 휘청거리듯 말이다. 노동조합의 뜨거움은 어떤 상황에서든 조합원 모두가 같이 가고자 하는 것에서 나온다. 그러니 서로 잘못한 점이나 불만도 이야기할 수 있어야 한다. 갈등은 무마하는 게 아니라 훗날을 위해서라도 짚고 인정하고 넘어가야 한다. 다만 함께 힘을 모을 수 있다는 믿음이 있을 때 말이다. 노동조합 안에 이것이 없음을 확인할 때, 그 뜨거움이 식었을 때가 가장 두려운 순간이다.

내게 노동조합은 정해진 구호를 외치고 정해진 길을 따라가는 것이 아니다. 그보다는 서로 다른 사람들이 무수한 오해와 혼란 속에 목표가 무엇인지 끝이 어디인지도 모르는 채로 함께 견디고 받쳐 주며 나아가는 것이다. 처음 노동조합을 만들고 싸움을 시작했을 때, 노동조합을 그냥 두면 저렇게 된다며 혀를 차던 출판사 사장님들의 말을 기억한다. 싸움 이후 사람들이 그래서 노동조합이 승리했냐고 물을 때면 나는 승리라는 건 없는 것 같다고 대답을 얼버무린다. 노동조합의 승리란 무엇일까? 노사 갈등에 완전한 해결은 없어 보이고, 노동조합은 회사에서 겪는 어려움의 완전한 해결책이 아니라 제도적 기본 장치라는 것을 이제는 안다. 노동조합 활동은 취미 활동이나 즐거운 일도 아니고 노동조합 활동을 하지 않을 수 있다면 하지 않는 편이 더 상처받지 않고 행복할 거라는 생각도 든다. 그럼에도 노동조합 활동을 하지 않았다면 보지 못했을 세상이 너무나 많다. 힘들었지만 처음 우리가 옳다고 믿었던 순간, 행동해야 한다고 느꼈던 순간의 마음을 잊지 않고 나아가는 단단함이 필요한 것 같다. 함께 흔들리고 버티며 걸어 온 길이 부끄럽지 않도록, 그렇게 지난 시간들이 아픈 만큼 단단해진 시기였다고 정리하고 싶다.

* 이 글은 2014년 11월에 쓰였고, 글쓴이는 2015년 5월에 퇴사했다.

체력론: 글, 체력, 출판에 대한 소고

김신식
《말과활》기획위원

익히 알다시피 글을 써 책으로 내려는 사람을 저자라고 한다. 그리고 저자의 글을 만져 책으로 내는 사람을 편집자라고 한다. 나는 저자나 편집자 둘 다 두려워하는 최종 단계는 무엇일까 고민해 봤다. 그것은 아마 글에서 체력이 보이는 게 아닐까.

누구나 민활한 모습을 보여 주고 싶어 한다. 저자나 편집자도 마찬가지다. 독자에게 '글맛'을 선사한다는 것은 글이 지치지 않은 상태를 종이 위에 선보임을 뜻한다. 글을 잘 쓴다는 것은 단순히 재주나 재능의 문제만은 아니다. 육체와 정신은 중요한 작용을 한다. 잠도 잘 자고, 영양 섭취도 해야 한다. 깨어 있지도 그렇다고 아예 잠들어 있지도 않은 상태에서 나온 글은 이리저리하여 괜찮은 글이네 평가를 받을 수 있겠지만, 찝

찝한 구석이 남을 수밖에 없다. 책을 자주 접하는 사람들은 글에 예민하기 때문에 이 찝찝함을 잘 감지한다.

특히 SNS 활동이 활발한 요즘, 편집자들에게 근심이 하나 늘었다. 자신이 담당하고 있는 저자가 SNS에 에너지를 다 쏟을까 봐서다. 내가 아는 한 기민한 저자는 출판사와 계약서를 쓰기 전에 자신이 SNS를 하는 건 오히려 글을 열심히 쓰고 있다는 증거로 봐도 된다고 유머러스하게 선수를 치기도 했다. 어떤 편집자들은 SNS에서 활발히 자신의 의견을 밝히는 저자들의 글이 기복이 심하다고 우려하기도 한다. 그리하여 트위터에 누군가 'SNS를 하는 필자들 중 괜찮은 사람을 본 적이 없어'라고 밝히면 고개를 끄덕인다. 허나 그 의견에 온전히 동의하지는 않는다.

저자의 체력·에너지 관리만큼이나 편집자의 그것도 중요하다. 여러분도 그러시겠지만, 살면서 좋아하는 게 업이 되면, 애초에 어떤 대상을 향해 가졌던 열의도 식기 마련이다. 꼭 그렇진 않지만, 그래도 표면상으론 책이 좋다고 출판사에 지원한 사람들이 편집자가 되면, 십중팔구 '책 좀 읽고 싶다'라고 하소연한다. 이런 하소연에 시끌벅적할 생각은 없지만, 출판계에선 상식적인 역설에 속한다. 글을 만지지만, 글을 '읽지' 못한다는 역설 말이다. 그 속에서 편집자의 체력·에너지는 교정 교열이라는 과정을 비롯해, 기획 단계에서도 무시할 수 없는 영향력을 행사한다.

편집자의 체력·에너지가 중요한 것은 가령 자신의 저자가 넘긴 원고에 피로감이 느껴질 때, 그것을 독자에게 들키지 않도록 처리해야 하기 때문이다. 단순히 오탈자를 고치는 차원이 아니다. 독자의 시선을 사로잡기 위해 더 밀어붙였으면 하는 관점이 이 대목에서 나와야 하는데, 저자가 뭔가 어설프게 처리했다면 편집자는 저자에게 요청해야 한다. 좀 더 분명하게 견해를 밝혀 달라고(이 과정을 보통 '개고(改稿)'라 칭한다). 허나 편집자의 체력·에너지가 몹시 떨어진 상태라면 이런 판단은 '그냥 넘어가지 뭐'라는 마음에 무너지고 만다.

나는 현재 인문·사회과학 분야의 한 '잡지'를 만들고 있다. 엄밀히 말하자면, 글을 하나하나 만지는 교정 교열 중심의 편집자라기보다는 잡지의 전체 구성과 개개의 원고 기획을 책임지는 편집자라고 할 수 있겠다. 이청준 작가가 쓴 중편 소설 〈소문의 벽〉이 있다. 이 작품에는 잡지 편집자의 고충이 비교적 상세히 나온다. 작품에 따르면, 잡지 편집자는 필자의 글을 빌려 자신의 뜻을 전하는 '2차 진술자'다. 원고의 테마를 짜고 필자를 섭외해야 하는 과정에서, 체력·에너지가 충분하지 않으면 이 '2차 진술'의 의지는 흐릿해진다. 2차 진술의 의지가 분명하다면 편집자는 지친 저자의 먹살을 잡고 시선이 명쾌한 글이라는 목표점을 향해 나아갈 수 있다. 편집자에게는 그런 책임이 있다고 생각한다. 물론 저자가 그 정도의 개입을 원하지 않는다면 어쩔 수 없지만.

허나 편집자도 저자도 지친 상황이라면 상황은 심각해진다. 나의 경우 육체적으로 정신적으로 밑바닥 상태에 다다랐을 때, 피로감을 무능함으로 바꿔서 스스로 과해석하고 싶은 유혹의 시기를 맞닥뜨렸다. 몇 년 전, 한 단행본 출판사에서 일할 때 나는 이 고비를 넘지 못했다. 고비에 나는 무엇을 했나 뒤돌아보면, 피로가 쌓이고 체력이 고갈돼 피로를 누설하는 버릇이 생겼다. 피로했기 때문에 피로에 대한 활력이 생기는 모순에 빠졌다고 할까. 피곤함을 열심히 내비치는 가운데, 내가 속한 곳을 향한 너스레가 늘어났다. "나는 이 동네(출판계)가 싫어요", "나 같은 사람은 편집자를 하면 안 되나 봐요". 그런 너스레에는 내 체력이 보이기 시작했다.

이성복 시인은 산문집《고백의 형식들》에서 '나는 시가 싫어요'라고 떠벌리고 다니며 자신을 과시하는 시인의 사례를 든다. 그는 이를 두고 앵벌이식 글쓰기라는 비유를 쓴 적이 있다. 이성복 시인은 그러한 앵벌이식 글쓰기가 문제에 봉착하는 지점은 시가 싫다며 자신의 무능함을 뽐내던 이가 거기서 별 재미를 못 찾게 될 때라고 말했다. 마찬가지로 출판계를 향해 앵벌이식 고백을 하고 다니던 나 또한 나의 무능함을 고백하는 행위들이 시시하게 느껴졌다. 결국 그 고백 뒤에 남은 건 한 번의 이직과 두 장의 사직서였다.

*

　직장을 그만두고 시간이 지나 옛 동료들을 만났다. 만나기 전, 아마 책 만드는 일에 상처를 받았으니 책 이야기는 하지 않겠지 예상을 하고 갔지만 보기 좋게 그 예상은 빗나가고 말았다. 요즘 그 출판사 책이 잘 나가던데 몇 부 나갔는지 알아요? 요즘 그 저자 어때요? 등 모인 내내 책 이야기가 화제였다. 한세심한 선배가 이런 분위기가 못마땅했는지 우리 결국 책 이야기냐며 우스갯소리를 던지기도 했다.

　롤랑 바르트가 쓴《롤랑 바르트가 쓴 롤랑 바르트》에는 "자기순환 표현"이라는 용어가 나온다. 이발을 시키고 있는 이발사, 자기 구두를 닦게 하는 구두닦이 소년, 다른 사람이 만든 요리를 먹고 있는 요리사, 자신의 연극 공연이 없는 날 다른 연극 구경을 가는 연극배우 등을 지칭한 용어다. 바르트는 특히 이 용어를 설명하면서 '삭제'라는 단어를 삭제하지 않고서는 글을 쓸 수 없는 타이피스트 M 양을 언급한다. 책 만드는 일과 이별을 표하고 멀리 도망가겠다는 심보로 너스레를 떨었지만 결국 나는 그 주위를 빙빙 돌고 돌았다는 생각이 들었다. 어찌됐든 '책' 혹은 '출판'이라는 단어를 삭제하지 않고서는 살아갈 수 없는 생활인이었던 것이다. 이로써 계속 책 혹은 출판을 신경 쓰며 살아가는 사람임을 인정했던 셈이다.

　집에서 쉬는 동안 체력이 서서히 돌아왔다. 출판사를 다닐 때 기획을 한답시고 일정 기간에 압축적으로 사람들을 많이 만나고 다닌 것은 아닌지, 스스로 체력이 떨어진 이유에 관한 진단을 내렸다. 나 같은 내향적인 사람이 서울 이곳저곳의 맛집과 작은 카페를 검색해서 찾아다니며 저자들과 책 이야기로 꽃을 피웠다니 하면서 말이다. 그러다가 오랜만에 페이스북과 트위터를 정리하며 출판계에 쏟았던 흔적을 확인했다. 자료화면으로 쓰이는 오래전 텔레비전 장면에 대한 느낌을 알 것이다. 얼굴도 너부데데해 보이고, 어깨엔 뽕이 과해 보이는 연예인들의 옛 모습을 보는 것처럼 출판계에 관한 아쉬움들을 꺼낸 내 옛 글도 그러했다. 삭제, 삭제, 삭제……

그렇지만 귀를 닫은 것은 아니었다. 이상하게도 출판사를 다니지 않는 요즘, 직장을 다닐 때보다 더욱더 출판계 일이 잘 들려온다. 소리의 출처는 모르겠다. 직장 다니시는 분들이 잘 쓰는 '이 바닥~', '이 업계가~'로 시작하는 소리를 하는 출판인들을 만날 일이 하나둘 생겼다. 무슨 사명감이었는지 집에서 쉴 만큼 쉬어 체력도 괜찮은 수준이니, 체력이 떨어진 그들의 너스레를 들어주자 하는 심보였던 것 같다. 그 심보엔 '하던 이야기 또 하는 것 아니겠어'라는 내 안일함도 들어 있었다. 이야기를 들으면서 내 안일함이 적중될 때마다 예감은 다르지 않았다며 신나기도 했지만, 그만큼 회복했던 체력이 떨어지는 괴로움도 느꼈다. 허나 그 괴로움의 와중에는 내 예상을 빗나간, 귀담아듣고 싶은 이야기 또한 많았다. 지금까지 한 이야기가 나의 육체적·정신적 에너지라는 '개인적 체력'에 대한 것이라면, 귀담아듣고 싶은 이야기는 조직, 체계 등이 언급되는 좀 더 거시적인 내용이었다. 나는 이를 '사회적 체력'에 관한 이야기라 이름 붙이려 한다.

*

클리퍼드 기어츠라는 인류학자가 있다. 이 인류학자가 책 《저자로서의 인류학자》에서 밝힌 설명을 빌리자면, '그곳(현장)'에 있었던 일을 '이곳(책)'에 이야기해 보는 작업, 이게 인류학자가 하는 일이라고 한다. 그렇다면 나는 '출판계의 사회적 체력'이라는 테마 아래 그곳(출판)에 있었던 일을 이곳(이책)에 이야기하는 일을 수행해도 될 듯하다. 물론 전제돼야 할 사항은 있다. 솔직함의 강박이라고 할까. 진솔해진다는 선의를 가지고 이야기를 하려 들다 보면, 내가 "들어 본 적 없는 이들의 옹호자, 보이지 않았던 자들의 소개자, 오해돼 온 자들의 해설자"(클리퍼드 기어츠)라는 위치에 오르려는 것 아닌가 의구심을 표할 수도 있을 것이다. 미리 말씀드리지만 나에겐 그럴 능력도 목적도 없다.

이런 자리에서는 흔히 '그들은 우리와 다르다'는 식으로 서사를 전개해 특수성을 내세우고 싶은 유혹이 생긴다. 그런데 나는 '그들도 결국 우리와 다르지 않다'라는 서사의 길을 택하

46

려 한다. 두 길 다 허망한 결론이 나오는 것은 마찬가지지만 후자가 그나마 조금은 더 낫지 않나 싶어 택했다. 출판계는 별다른 행성도, 우주도 아니다. 사람들이 누구나 다니는 직장이라는 틀 안에 있는 곳이다. 좀 교과서 스타일로 말하자면, 출판계도 '경제 활동'을 하는 곳이다. 그런데 조금 흥미로운 지점은 뭔가 어설프다는 것이다. 노동 문화를 살펴보면, 한 출판사 안에서 개인의 경쟁을 도모하려면 확실히 도모하던지, 팀 간의 협력을 촉구하려면 분명히 촉구하던지 해야 하는데, 모호하다. 회사 목표도 마찬가지다. 기업의 일반적 목표처럼 이윤의 극대화인지, 혹은 그런 것에 대한 저항감으로 사회적 역할에 제 기능을 둔다던지 해야 하는데 이 역시 실천의 과정이 애매하다.

여러분은 평소 화를 잘 못 내던 성품 괜찮은 친구가 화를 낼 때, 뭔가 어색하다는 느낌을 받으신 적 있을 것이다. 종종 버럭 하며 성을 내긴 냈는데, 자주 화를 분출해 본 적이 없으니 그 안에 미안함이 섞여 있는, 그런 화에서 느껴지는 어색함 말이다. 이런 화냄이야 귀엽기야 하지만, 화도 평소에 내 본 사람이 잘 낸다는 입장에 있기 때문인지, 뭔가 참아 왔다가 갑작스레 한 번에 터뜨리는 사람의 화를 보면 불안하다. 출판계가 이 경우에 해당한다고 본다.

글에 예민한 사람들은 글이 아닌 것에도 예민하다. 이런 예민함은 출판계 내부의 어정쩡한 상태를 잘 간파하고 누구나 그 모순을 한 번쯤 언급해 보는 자리를 마련해 준다는 점에선 좋다. 하지만 단점도 있다. 워낙 세심해서 저질러진 일에 대한 심리학자가 되려는 습성이 있다. 온라인 용어로 '궁예질'을 한다고 볼 수 있다. 짐작하는 기술이 늘어나면서 괜한 소문이 일의 규모에 비해 자주 그리고 많이 부풀려지는 곳이 출판계이기도 한 것 같다. 이는 때론 소문과 그 소문에 관련된 사람에 대한 '정보값'이 불가피하게 필요한 구조와도 상관이 있다. '결국은 사람 장사다'라는 그 진부한 말이 만드는 책마다 진부함의 기운을 탈피하려는 곳에 가장 강박적으로 스며들어 있다는 점은 신기하긴 하다. 그래서인지 나는 요즘 어느 자리에 나가든 정보값이 유난히 많은 사람과는 용건만 다루고 금방 집으로 돌아오려 한다. 그 정보값의 방향이 없는 사람에 대한 칭찬이라고 하더라도 피곤하기 때문이다(물론 나 또한 없는 사람을 이야기하는 재미에 여전히 벗어나지 못하고 있다).

*

걸과 속이 다르다는 아이러니를 이야기하는 것으로 유난 떨고 싶지는 않다. 허나 비유를 들자면, 구글을 비롯해 기업 문화가 꽤 선도적이고 '힙'하다고 생각하는 곳을 소개하는 책을 내면서도 정작 그런 책을 내는 곳들이 처한 '후진' 상황 간의 격차가 워낙 크다는 것은 뭔가 문제가 있다는 소견을 밝혀 본다. 어찌 보면 직장이라는 조직의 일반적 생리인 걸까? 아무튼 출판계는 과거처럼 '1인 영웅주의'의 카리스마 강한 미담이 먹히지도, 그렇다고 소소한 사람들의 열정으로 만들어진 '협력주의'의 소품 같은 기적도 없는 상태다.

하나의 판이 생기면 그 판을 분석하고 평가하는 비평가가 있기 마련이다. 출판계에도 출판평론가가 있다. 새겨들을 좋은 말을 많이 해 주시지만, 걸러 듣고 싶은 말도 많이 하는 사람들이다. 그들의 입을 통해, 또 현장 관계자를 통해 출판계의 전망이 어둡다는 이야기는 평소 뉴스를 흘낏 보시는 분들이라도 대충은 아시는 내용일 것이다. 내가 출판사에 갓 들어갔을 때도 이런 이야기가 화두였고, 출판사를 그만두고 쉬고 있을 때도 화두였다. 그리고 출판사를 꽤 오랫동안 다닌 분들의 이야기를 들어 보니 그분들이 젊었을 때도 출판계의 망해 가는 판국이 화두였다고 한다. 요즘은 출판계를 둘러싸고 누가 '섹시'하고 '힙'하게 출판계의 망함을 이야기하는가 경쟁하는 구도가 펼쳐진 것 같다. 이 구도에서 책을 열심히 찾아 읽고 사 모으는 애서가들도 한마디씩 던지고 있다. 매우 건설적인 전망이 펼쳐지면서도 그 안에는 '우린 결국 안 될 거야'라는 비관이 은밀히 담겨 있는 것 같다.

*

낙관도 비관도 아닌 어정쩡한 상태 속에서 출판계는 열악하다는 인식이 주는 피로 싸움에 허덕이고 있다. 무엇보다 처지가 열악한 곳에서 그 열악함을 개선하려는 의지보다는 열악함을 이용해 구성원 개인에게 희생과 헌신을 요구하고, 열악한 곳의 대표만 명성을 얻는 일들을 많이 봤다. 그리고 그런 과정 속에서 문제를 느낀 사람들이 항의를 하면, '너 문제 제기하기만 해 봐. (나는 염가로 봉사하고 있는데 네가 감히……) 내가 들이받을 준비가 돼 있으니까'라는 논의의 자리가 당연한 듯 계속되고 있다. 피로라는 것은 해당 일을 하기에 몹시 절어 있다는 체력적 하락을 뜻하기도 하지만, 때론 그 피로가 내가 이 바닥에서 할 만큼 다해 봤다는 경험의 과시로 읽히기도 한다.

한편 우리는 언젠가부터 조직의 비리나 부조리를 이야기하는 사람을 향해 습관적으로 '저 사람 저러다 짤리는 것 아니야?'라는 말을 내뱉는 것 같다. 본인은 위로의 심정으로 건넨 말인지 모르겠지만, 2절, 3절로 이어지면 상황은 달라진다. 출판인들은 독자에게 재미있는 책을 만들어 내지만, 정작 내부는 좀 심심하다. 출판계 내부의 서사가 심심하기 때문인지 몰라도 늘 어떤 스펙터클을 바란다. 출판계 안에서 누군가의 부당해고나 비리 고발, 성추행 사건이 터지면 그 사건에 전력을 기울여 예리한 말들을 쏟아 내다가도 '사건 이후'에는 어떤 일이 벌어지는지 그다지 관심이 없다. 오히려 그런 사건에 대한 후일담을 즐기며, 사건을 맛깔스럽게 왜곡시키기도 한다.

무엇보다 이런 과정 속에서 보람이라는 감정은 선의로 통용되지 않는다. 네가 조직을 향해 건넨 뼈 있는 말이 왜 일 잘하고 있는 나의 마음을 불쾌하게 만드느냐, 왜 나의 보람까지 침범하느냐는 단계에 들어선 것이다. 물론 이런 지적도 그냥 흘려들어선 안 된다고 생각한다. 허나 출판계라는 조직 안에서 자주 엿보이는 '사회적 체력'이라고 할까. 조직 내 체계를 사회적 체력의 한 요소라고 볼 수 있다면, 보람이라는 감정은 때론 출판계 내부의 허약한 체계를 가장 두드러지게 보여 주는 지점이 아닌가 싶다. 이것밖에 남지 않았다는 사람들의 발악이 공유하고픈 오기라면 좋겠지만, 현실은 보람이라는 감정을 앞세워, 서로 '이 불쌍한 사람(그런 가운데서도 열심히 버티고 있는 사람)을 보라!'라는 구도가 전개되고 있는 것 같다.

버텨 보자는 말에서 최선은 사라지고 자신과 주변을 냉소적으로 돌아봐야 스스로를 그나마 지킬 수 있다는 심리가 만연한 곳. 나에게 출판계는 그런 감정이 있는 곳이었다. 출판계 내부의 서사가 정작 빈곤하다고 했는데, 이는 곧 말과 글이 너무 많은 영역 그리고 말과 글이 너무 없는 영역의 중간항을 뒤돌아보게 한다. 그러했을 때 나는 그나마 이 중간항에서 마음의 위안을 얻는다. 묵묵히 있는 사람들이 머무르는 곳을 말이다. 내가 생각하기에 묵묵함이란 완전한 침묵은 아니다. 할 말은 하지만, 그 말들 속에 '나의 불쌍함을 제발 좀 봐 달라'는 피해의식 가득한 큰 목소리는 없다. 지지할 것은 적극적으로 지지하고, 성찰할 것은 성찰한 채 자신의 본분, 즉 책 만드는 일을 조용히 해 나가는 사람들이 있다. 물론 이들을 미화시킴으로써 나 자신도 결국 선한 출판인이었다는, 혹은 출판계는 아직도 괜찮은 곳이라는 뻔한 귀결을 제시하고 싶지는 않다.

다시 한 번 말하지만, 결국 출판계도 여느 조직과 같다. 이런 일반화를 통해 나는 당신이 출판계를 향한 특수한 기대감이나 어디서 주워들은 어둑한 전망도 조금은 유보하기 바란다. 그리고 늘 해 오듯 책을 사고 읽으면 된다. 대신 평소와는 달리 책을 펼쳐 판권장이라고 하는 면을 하나하나 유심히 읽어 봐 줬으면 한다. 거기엔 사실 재미있는 내용은 없다. 한 권의 책을 만들기 위해 힘을 보탠 사람들의 이름이 건조하게 적혀 있을 뿐이다.

당신이 읽고 있는 이름을 가진 사람들의 체력으로 한 권의 책이 만들어졌다. 행여 책을 읽다가 오탈자나 비문이 많다거나 더 나아가 책이 생각보다 시선이 싱거웠다면, 전화나 메일로 연락해 판권장 속 만든 사람의 이름을 불러 보라. 물론 판권장 속 이름들이 그러한 연락을 그리 좋아하지 않는다는 것은 공공연한 비밀이다. 그러니 너무 자주는 말고. 자주 하면 체력이 떨어질 수도 있으니.

더불어 성장하는 꿈을 꾸며

양현범
사계절출판사 영업부

나는 골키퍼였다. 난생 처음 보는 사람들이 골대를 향해 공격을 퍼부었다. 대체 이 사람들은 누구지? 나는 어쩌다 골키퍼를 맡게 됐을까? 어쨌든 나는 그들을 부지런히 쫓아다녔는데 그중 하나가 강력한 슈팅을 날렸다. 나는 그 공을 쳐 내기 위해 온몸을 날렸다.

"악, 오빠 도대체 왜 이래!"

골문을 지켜 낸 골키퍼를 향한 관중의 환호성 대신 아내의 날카로운 비명이 나를 덮쳤다. 양 주먹에 선명하게 남아 있는 공의 촉감과 옆구리를 부둥켜안은 채 형용할 수 없는 표정으로 나를 쳐다보는 아내의 눈빛이 교차했다. 무슨 사단이 난 것인지, 어찌된 영문인지를 두 눈으로 허공을 짚어 보며 애써 찾아

봤지만 익숙한 천장과 그 밑에서 날 째려보는 아내가 있을 뿐이었다.

'아, 꿈이었구나!'

꿈속에서 공격수를 쫓아다닌 게 아니라 침대 위에서 몸을 뒤척였고, 양 주먹으로 공을 쳐 낸 게 아니라 아내의 옆구리를 강타한 것이었다. 간신히 상황 파악이 된 나는 아내에게 기어들어가는 소리로 "미안해"라고 말했지만 돌아누운 아내가 어떤 표정을 지었는지 감히 확인하지 못했다. 너무나 선명한 꿈과 쥐구멍이라도 들어가고 싶은 부끄러움 사이에서 난 어찌할 바를 몰라 한동안 천장을 바라봤다.

윗글은 작년 여름에 꾼 꿈이 너무 선명해 메모해 두었던 글이다. 꿈은 현실을 반영한다고 했던가. 지난여름 나는 꽤나 스트레스를 받았던 것 같다.

사계절출판사는 나의 첫 직장이다. 13년째 영업자로 일하고 있다. 지금은 너스레를 떨며 사람들과 잘 어울리는 평범한 직장인이지만, 갓 입사했을 때의 나는 이등병을 연상시키는 어리숙한 분위기를 풍겼다. 말귀는 어둡고 상사가 시킨 일은 엉뚱하게 처리했다. 눈치도 없는 편이여서 매번 형광등이라는 소리를 들었다. 누구나 그런 시절이 왜 없을까. 그러나 나는 그렇게 웃어넘기기에는 심각한 버릇이 하나 있었다.

나는 말더듬이였다. 사람들과 낯을 마주하면 정도가 덜 했지만, 어려운 자리에 있거나 전화를 받을 때면 심하게 말을 더듬었다. 초등학생 때부터 그랬으나, 상대가 답답해할 정도는 아니었다. 친구들이 술자리에서 가끔 놀리긴 해도 그냥 웃어 넘길 정도였다. 그런데 군대에 다녀온 후, 긴장만 하면 상대방과 대화를 잇지 못할 정도로 상태가 안 좋아졌다. 불행히도 회사는 편한 곳이 아니었다. 선배들은 유쾌하고 친절했다. 그들에게 인정을 받고 싶었고, 한 번에 일을 척척 처리하고 싶었다. 하지만 욕심만 많고 꼼꼼하지 못했던 나는 조금씩 실수가 늘어났고, 그럴수록 마음은 더 급해졌다.

"사계절출판사 아무개입니다."

나는 사람들이 흘리듯 뱉어 내는 저 한 문장을 입 밖으로 꺼내지 못하고, 첫 음절만 계속해서 반복했다. 내가 첫 음절을 반복할 때, 수화기 건너편의 사람들은 대부분 수신 상태가 이상하다고 생각하고 수화기를 내려놓았다가 전화를 다시 걸었다. 나는 두 번째 전화에서도 같은 경우를 반복했고, 수차례 비슷한 경험을 한 사람들은 상대가 말을 버벅거리면 수화기 건너편 상대가 나임을 깨닫고 "현범 씨, 아무개 씨 바꿔 주세요"라고 선수를 쳤다. 외근 중에 휴대전화를 받을 때도 마찬가지였다. 누구와 통화를 하든지 나는 사람을 가리지 않고 버벅거렸다. 그나마 다행인 것은 얼굴을 맞대고 이야기할 때는 큰 문제가 없다는 점이었다. 만약 그랬다면 입사 면접에서 선배들이 나를 뽑는 일은 없었을 것이다.

말 더듬는 영업자는 회사에서 명물 아닌 명물이 돼 가고 있었다. 그 당시 나는 주 4일 정도 외근을 했고, 급한 용무가 생기면 전화로 용무를 처리해야 했다. 자연스럽게 다른 부서와 통화가 늘어나면서 사람들은 내 걱정을 하기 시작했다. 언젠가부터 몇몇이 회식 자리에서 나에 대한 걱정을 주고받았고, 나는 스스로 영업자로서 부적합하다고 인식하기 시작했다. 게다가 수금 업무를 시작하면서 내 자신감은 가장 밑바닥까지 떨어지기 시작했다.

서점에서 지불 업무를 맡는 사람들은 영업자들 사이에서 속칭 '빠꼼이'로 불리는 사람들이다. 2004년 당시만 해도 지금처럼 은행계좌로 입금을 받는 경우가 드물었고, 영업자들은 매월 정해진 날짜에 맞춰 해당 서점으로 수금을 하러 가야 했다. 200~300명 규모의 중형 서점은 적어도 400~500개의 출판사와 직거래를 하고 있었다. 하루에 이 많은 출판사 영업자들이 수금일에 몰려왔다. 어떤 영업자는 책정된 지불액을 별말 없이 받아 가기도 했지만, 지불할 돈과 받아 가야 할 액수가 차이가 생기면 둘 사이에는 여지없이 갑론을박이 오갔다. 최근 영업자를 가장 많이 만나는 사람들은 온라인 서점의 MD다. 10년 전 중형 서점의 지불담당자는 매일 10~20권의 신간과 프로모션을 처리하는 지금의 온라인 MD보다도 많은 영업자를 만나 거래 조건을 결정하는 중요한 역할을 맡았다. 때문에 그들과 영업자는 가장 협조적인 관계였다. 반면에 일이 틀어지면 가장 먼저 날을 세우는 사이였다. 서로가 서로를 가장 잘 알아야만 했고, 그래서 모르는 것이 없는 '빠꼼이'일 수밖에 없었다.

약간 곁다리를 집는 이야기지만, 한 달에 한 번 돌아오는 수금일이면 서점 주변의 식당은 서점 덕을 봤다. 워낙 서점으로 많은 영업자들이 몰리다 보니 그 주변의 식당이나 주차장에는 영업자들이 몰렸고, 지방의 경우는 인근의 모텔이나 술집까지 영업자들로 북적였다. 상황이 이렇다 보니 한 출판사당 지불받는 시간은 암묵적으로 제약이 있을 수밖에 없었다. 그리고 짧은 시간에 원하는 바를 얻기 위해서 핵심을 찌르는 논리와 화법이 필요했다. 영업자들은 이 두 가지 능력을 '이빨'이라고 칭한다. 일상생활에서는 '뻥을 치다'는 뜻으로 많이 쓰이는 어휘지만, 누가 영업자에게 "이빨이 세다"라고 말한다면 그의 업무능력과 수완을 높이 산다는 뜻이다. 내게도 그 '이빨'이 필요했으나, 쉽게 만들어지지는 않았다.

*

2000년대 중반쯤 출판계에는 큰 변화가 있었다. 유통에서는 온라인 서점의 비중이 높아지고, 미디어 환경은 포털 사이트의 블로그나 카페를 중심으로 한 홍보 활동이 중요해졌다. 중형 서점의 부도 소식이 잇달았고, 다음에는 어느 서점 차례일지를 예측하는 게 영업자들의 일이 됐다. 오프라인 서점의

매대와 도서관이 책과의 유일한 미팅 장소였던 독자들도 카페에 모여 입맛에 맞는 정보를 공유했다. 면면이 유통되던 정보가 온라인으로 쏟아졌고, 매일같이 포스트를 작성하는 사람들이 파워블로거로 추대받기 시작한 것도 이때부터다. 이 때문에 영업부는 프로모션 중심으로 개편됐다. 수금, 장부 대조, 출고 등의 업무는 총무부를 신설해 이관하고 영업부 혹은 마케팅부는 서점 관리와 프로모션에 더욱 집중하게 됐다. 이런 변화는 내게 긍정적인 영향을 끼쳤다.

영업력보다 기획력이 중요해졌다. 새로운 형태의 업무가 주어졌고 내게는 그것이 전환점이 됐다. 바뀐 부장은 새로운 업무에 적응할 수 있도록 정보를 물어다 주고, 자유롭고 자발적인 발상을 요구했다. 부족한 기획안의 단점을 지적하기보다는 부족한 점에 대한 정보를 보충해 줬다. 조금씩 일에 재미가 붙기 시작했다. 그러면서 될 때까지 일을 했다. 밤에 쓴 시를 아침에 찢어 버리는 시인마냥 어처구니없는 아이템에 매달려 새벽까지 일하기도 했지만, 그런 끝에 한두 가지 기획을 매출로 연결해 성과를 증명해 내기도 했다.

다른 변화는 엉뚱한 데서 왔다. 행사 사회를 도맡아 진행하던 선배가 다른 회사로 이직했고, 그 역할을 내가 떠맡게 됐다. 활달하고 말주변이 좋아 적임자였던 선배와 달리 난 내성적이고 말주변이 없었다. 게다가 난 말더듬이였다. 내게 왜 사회를 맡겼는지 기억나지 않는다. 다만 그때의 부담감만은 아직도 생생하다.

첫 사회는 독서 감상문 대회 시상식이었다. 독서운동가, 작가, 그리고 수상자와 그 가족들이 참석하는 큰 행사였다. 며칠 전부터 대본을 만들었다. 대본만 있으면 원만하게 진행될 것 같았다. 호기로운 낙관이었다. 막상 단상 위에 놓인 원고는 눈에 들어오지 않았다. 참석자들과 눈도 마주치지 못한 채 원고만 더듬더듬 읽다가 내려왔다. 차분한 진행, 위트 넘치는 멘트 따위는 찾아보기 힘들었다. 그리고 반 년 후에 시상식 사회의 기회가 돌아왔다. 두 번째로 사회를 맡게 된 이유는 확실히 기억난다. 한 번 해 봤기 때문이었다. 하지만 해 봤기 때문에 어떤 것이 어려운지 알 수 있었고, 그에 대한 명확한 대책이 필요했다. 수상자의 유쾌한 기분을 어색한 사회로 망치고 싶지 않았다.

이전의 방식은 포기했다. 내가 할 말을 주저리 적은 원고는 아예 만들지 않았다. 식순을 보며 단상에 서 있는 상황을 상상했다. 인사말을 날씨 이야기로 시작할지, 먼 길을 마다하지 않고 자리를 빛내 준 귀빈에 대한 감사말로 시작할지를 고민했다. 식순마다 여러 상황을 떠올렸고, 그때마다 빈 사무실이 쩌렁쩌렁 울릴 만큼 목소리를 냈다. 단순한 인사말부터 맺는말까지 몸에 맞는 문구를 찾고 입에 익을 때까지 반복했다. 수십 명의 내빈이 바로 앞에 있는 것처럼 사무실 곳곳에 시선을 두는 연습을 했다.

"우수상 00초등학교 00학년 아무개, 내용은 위와 같습니다. 축하드립니다!"

상장 내용을 읽고 혼자 박수 치며, 허공에 미소를 머금은 모습을 옆에서 누가 봤더라면 실성한 사람으로 여겼을 것이다. 두 번째 사회를 위해 준비한 원고에는 식순 옆에 몇 가지 형용사만 적혀 있었다. 원고는 성겼지만, 몸에 익힌 상황이 빈 칸을 메우고 있었다. 식이 끝나고, 몇 번의 실수에도 불구하고 첫 번째 사회처럼 자책을 할 일은 없었다. 아찔했던 첫 번째에 비하면 충분히 만족할 만했다. 두 번이나 해 본 일이었기에 그 후로도 사회는 내 몫이었다. 매번 같은 식으로 연습을 반복했고, 언젠가부터 간단한 행사는 별도의 연습 없이도 편하게 진행을 하게 됐다. 이렇게 조금씩 나만의 이빨이 만들어졌다. 그러기까지 4년의 시간이 걸렸다.

*

아마 이맘때 사회 보는 걸 즐긴다는 이유로 한 선배가 "사회주의자"란 별명을 지어 준 듯하다. 담당했던 그림책 분야에서도 조금씩 인정을 받기 시작했다. 당시만 해도 그림책은 큰 프로모션이 진행되지 않는 분야였다. 워낙 엄마들의 입소문이 크게 영향을 미쳤고, 온라인 카페 에서서 한 번 자리 잡은 책은 짧게는 몇 년에서 길게는 10년 이상 꾸준히 사랑을 받는 분야였기 때문이다. 그림책은 얼마나 아이들의 감성과 눈높이에 맞는지가 중요했지, 성인책처럼 마케팅에 의해 판매 부수가 좌지우지되는 영역이 아니었다. 당시에는 신문이나 관련 잡지에 목록 광고를 싣는 정도가 주요한 마케팅이었다.

우리 회사 그림책 중에서 가장 많은 판매를 기록하고 있는 《누가 내 머리에 똥 쌌어?》는 1993년에 출간됐다. 이 책은 사실 우리 회사에서 지금까지도 가장 많이 팔리는 책이다. 1990년대 말부터 2000년대 초반까지 인터넷이 활성화되면서 그림책의 판매가 활성화된 시점이 있었다. 그때 이 책은 한 해에 7~8만 부가량의 판매량을 기록했는데 2000년대 중반에 이르면서 판매가 떨어지고 있었다. 이때 나는 연극을 공부하는 대학 선배의 소개를 받아 동화구연가들과 수다를 떨면서 영업을 했고, 그림책을 찾아 읽는 사람들이 어떤 사람인지, 그들에게는 어떻게 접근을 해야 하고 어떤 것들을 제공해야 효과가 있는지를 배웠다. 그리고 마케팅에 필요한 자료들을 요청하고 이것을 연극놀이 책자로 만들어 온라인 서점이나 유치원을 통해서 배포했다. 그러면서 4~5만 부대로 떨어졌던 판매가 다시 7~8만 부대로 올라가는 성과를 내기도 했다. 일을 하는 것이 즐거웠고, 결과도 만족스러웠다. 그때가 내겐 가장 행복한 기간이었다. 같은 부서의 동료들과 그림책의 편집자들에게 많은 도움을 받았고, 그들에게 기대며 고마워할 수 있었다.

그림책 분야에서 성과를 인정받으면서 회사에서는 당시 침

체돼 있는 인문 분야의 마케팅을 맡아 보는 게 어떻겠냐는 제
안을 받았다. 제대로 인문학을 공부해 본 적이 없었지만, 열심
히 하면 잘할 수 있지 않겠는가 하는 막연한 기대에 출사표를
던졌다. 돌이켜 보면 그때 그 결정은 회사에게도 개인에게도
바람직한 결정이 아니었던 것 같다. 막연한 기대로 시작하기엔
그림책 분야와 인문 분야 사이의 차이가 너무 컸다는 것을 당
시엔 미처 알지 못했다.

원고량의 차이도 크지만, 그림책은 감성에 의한 즉각적인
판단이 가능한 반면 인문학은 배경 지식에 근거한 원고 검토
와 철저한 시장조사 없이는 어떤 판단을 내리기가 어렵다. 또
한 그림책은 수년에 걸쳐 지속적인 관리를 하는 것이 중요하
다면 인문책의 경우 출간 1~2개월 목표 기간 동안 상당 부수
를 팔아 내야만 했다. 공부가 부족했던 나는 대부분의 판단을
편집부에 의지할 수밖에 없었다. 물론 좀 더 많은 대중을 대상
으로 한 인문책은 경험이 많은 내 판단과 다른 인문출판사 선
배들의 조언을 종합해 마케팅을 진행할 수 있었지만, 전문가를
대상으로 한 인문책의 경우에는 정말 대부분의 판단을 편집자
에게 의지할 수밖에 없었다. 편집자에게 배우고, 인문출판사
중심의 영업자 모임에서 선배들에게 배워 나갔다. 비록 그 모
든 것들이 곧바로 내 실력이 되지는 않았지만 말이다.

우리 회사 내부에서 가장 사람들이 많이 드나드는 부서가
바로 인문팀이었다. 원고에 비해 작업량이 많았고, 사회과학출

판사로 시작한 회사의 특성상 경영자가 가장 많은 관심을 가지는 편집팀이었다. 게다가 2000년 후반부터 인문책의 판매가 약화되면서 3,000부였던 초판부수가 점점 줄어들고 있었다. 그런 상황에서 기존의 인문팀장이 개인 사정으로 인해 회사를 퇴사하고, 그 밑에 있던 팀원이 인문팀장이 됐다. 그 자리는 스트레스가 많을 수밖에 없는 자리였다. 계약돼 있는 책은 많고, 교정지에 파묻혀, 매번 출간일에 쫓기는 자리였다. 그럼에도 불구하고 매 책마다 공을 들여, 좋은 책을 내는 편집장이었다.

하지만 언제부터 그와 나는 점점 불편한 사이가 돼 가고 있었다. 편집장이 매우 공들여 많은 책이라도, 인문 독자의 수요가 줄어들어서, 또는 기획에서 출간까지 너무 오랜 시간이 걸려 유효 기간이 지난 책이 나올 때마다 원고의 시장성에 대한 판단이 엇갈리기 시작했다. 회의가 길어지고, 소모적인 논쟁이 많아졌다. 편집장이 나보다 훨씬 공부를 많이 했기 때문에, 나는 되도록 그의 의견에 맞춰 목표 부수를 산정했지만, 갈수록 그의 판단에서 억지스러울 때가 있었다. 본인이 기획하고 편집한 책에 대한 강한 확신이 다른 사람들과의 대화를 가로막고 있었다. 나뿐만이 아니라 디자이너와도 그는 제대로 된 소통을 하지 않아, 매번 작업을 할 때마다 불협화음이 일어났다. 그리고 그는 항상 자기 팀의 일을 최우선으로 처리해 주기를 바랐다. 2~3개 팀을 동시에 맡고 있는 마케터 입장에서 매번 한 팀의 일만을 우선시할 수는 없음에도 그는 한결같았다.

다른 팀에 비해 인문책이 더욱 출간 시점에 역량을 집중해야 하는 특성 때문에 때론 다른 팀의 마케팅은 뒤로 미루고 업무를 진행하기도 했다. 다른 팀에는 미안해하면서까지 인문팀의 일에 주력했으나 항상 돌아오는 것은 마케팅이 부족하다는 것이었다. 이런 일이 반복되면서 나는 그와 대화를 할 때마다 피가 마르는 느낌을 받았다. 올해 초 결국 나는 부당한 압박을 참지 못하고 그에게 고래고래 소리를 질렀다. 회사 생활 12년 만에 처음으로 나는 회사에서 감정을 주체하지 못하고 울분을 터뜨렸다. 처음으로 회사 내부에 갈등이 생겼을 때 조정해 주는 시스템이 없는 것을 철저히 원망했다.

이제 나는 인문팀을 떠나서 다시 어린이책 마케팅을 하고 있다. 인문팀을 떠났어도 그 사람과 한 회사에 있다는 것만으로도 나는 상당한 스트레스를 받았다. 사람을 이렇게 미워하고 외면하고 싶다는 감정이 들 수 있다는 사실이 놀라웠다. 그가 개인 사정으로 회사를 떠나고 나서는 조금씩 안정을 찾고 있다.

정서적인 안정을 찾고, 서로의 말에 귀를 기울이는 사람과 함께 일하는 것이 얼마나 큰 기쁨인지를 다시 깨닫고 있다. 지금 나는 내 안에 쌓인 피해의식을 덜어 내고 옛날처럼 즐겁게 일을 하는 꿈을 꾸고 있다.

다시 노동권을 생각하다

이수정
프리랜서 북 디자이너

도큐먼트가 텅 빈 채로 열린 컴퓨터 화면 앞에서 몇 시간째 멍하다. 작업 노트에 그려 놓은 대략의 스케치와 본문에서 뽑아 놓은 키워드들, 그리고 이미지들도 꽤 많이 찾아 놓았지만 띄워 놓은 도큐먼트 안으로 들여 놓기만 하면 도통 어울리질 않는다. 한마디로 각이 안 나온다. 시안 마감 날짜는 하루하루 다가오고 다른 일들도 해야 되는데 미치겠다. TV로 영화나 보며 멍 때릴 수 있는 소파로 도망치고 싶지만, 불안한 마음에 컴퓨터 앞을 떠날 수도 없다. 예전에는 지금 연차쯤 되면 제목이나 본문 내용만 듣고도 디자인을 뚝딱하게 될 줄 알았다. 수년간 일하면서 켜켜이 쌓이는 능숙함과 풍부한 지식을 바탕으로 언제든 멋들어진 디자인을 내놓을 수 있으리라 생각했다. 소위 잘나가는 디자이너가 되고 싶었던 그 시절엔 디자인, 아이디어, 창작 이런 것들이 일을 오래 한다고 해서 저절로 하늘에서 떨어지는 게 아니라는 걸 몰랐다.

지금 하고 있는 북 디자인은 우연히 친구와 배우러 다니게 된 전자출판 과정이 시작이었다. 처음 2년 반 정도는 주로 포스터나 팸플릿 작업을 하는 기획사에서 일했는데, 그 당시 간혹 들어오는 책 작업을 하면서 이 일이다 싶은 생각이 들었다. 일하는 호흡도 다른 종류의 시각디자인 일보다는 차분했고, 내용을 살피고, 의논하며 만들어 나가는 과정도 좋았다. 지금 생각해 보면, 막연히 책을 만든다는 것이 왠지 더 특별하고 멋있는 일처럼 느껴졌던 것 같기도 하다.

하지만 출판사에서 일을 할수록 책 또한 만드는 호흡이 결코 느리지 않다는 사실을 알게 됐다. 촉박한 일정과 방대한 업무량 속에서 내용을 살피거나 의논하는 과정은 생각만큼 많지 않았다. 기획사에서 일할 때에도 마찬가지였지만, 처음에는 이 모든 게 배움이고, 경력이 되리라는 생각에 열심히 일했다. 일정과 업무량이 부당하다는 생각이 없지는 않았지만 그걸 생각하고 이야기할 수도 없을 만큼 바쁘고 버거운 날들이었다. 또한 야근과 주말 근무가 자연스럽게 여겨지는 회사 분위기와 껄끄러운 관계가 형성되면 그 분위기를 잘 못 견디는 내 성격도 부당함에 대해 이야기하기 어려운 요인이었을 게다.

북 디자인 일을 하면서 서너 군데의 직장을 옮겨 다녔다.

회사마다 장단점이 다르긴 했지만, 어느 회사나 마치 출판계의 특성인 듯 공통적으로 나타나는 것이 수당 없는 야근과 주말, 휴일 근무로 이어지는 장시간 노동이었다. 연차는 거의 보장되지 않았고, 연차를 처음 사용해 본 건 마지막 다닌 회사에서였다. 사실 연차가 법적으로 보장된 휴가라는 걸 안 것도 그 무렵이었다. 가는 회사마다 "우리 회사는 연차가 없고, 대신 여름휴가가 이렇게 정해져 있다"라고 너무 당연하게 이야기해서 바보같이 그런 줄만 알았다. 이제 와서 생각해 보면 어쩜 그렇게 누구에게 물어보거나 찾아볼 생각도 안 했는지 모르겠다.

일을 계속할수록 점점 회의가 들었다. 이건 뭐지? 책을 만드는 일이 이렇게 고민 없이 진행돼도 되는 건가? 사람들에게 지식을 전달하고 사회의 변화를 이야기하는 것이 책인데, 그 책을 만드는 회사는 이렇게 비상식적이란 말인가? 일을 하는 우리는 그냥 부품일 뿐인가? 하는 생각이 들었다. 어찌 보면 처음에 힘든 것들이 다 배움이고 경력이 되는 건 맞다. 사소하고 쓸데없는 일 같았던 것도 나중에 다 써먹을 데가 있는 경험이 된다. 하지만 장시간 노동으로 당겨진 일정과 그 노동 패턴의 반복에서는 얻을 수 있는 게 없다. 사고에 대한 것도 마찬가지다. 일을 하다 보면 (게다가 초보이기 때문에) 실수와 사고가 발생할 수 있지만, 정신을 쏙 빼는 촉박하고 방대한 업무량을 조절하고 사수와 함께 일하는 시스템이 있다면 미리 방지할 수 있는 사고도 있을 텐데 하는 생각도 들었다.

일을 한다는 것은 기본적으로 생계를 위한 것이기도 하지만, 일에서 얻는 만족감이 떨어지면 우울하고 무기력한 상태가 되기도 한다. 일에 대한 회의가 느껴졌던 건, 일이 많아 고됐기 때문이기도 했지만, 일을 하면서 느끼는 성취감보다는 상실감이 더 자주 들었던 때문이기도 했다. 일정에 쫓기면서 고민이나 논의하는 시간은 줄어들고 컴퓨터 앞에 앉아 키보드와 마우스에 연결된 기계처럼 일을 한다는 느낌이 들었다. 그럴 때면 내가 지금 뭘 하고 있는 건가 싶었다. 사장의 전횡이 심했던 출판사에서는 옷차림까지 간섭받으면서 내 일을 하는 것보다 사장에게 흠 잡히지 않는 게 주된 일상이 되기도 했고, 해고라 말하기도 애매한 밀어내기로 회사를 나오면서는 자괴감을 느끼기도 했다. 연차가 보장됐던 마지막 회사에서도 연차를 쓰기가 쉽지 않았다. 연차를 사용하려면 쉬는 만큼의 일을 휴가 전이나 후에 맞춰서 해야 했기에 연장 근무는 더 늘었다. 그렇게 하지 않으면 다른 동료에게 그만큼의 일이 몰리게 되니 직원들끼리 서로 피해를 끼치지 않으려고 그랬던 것이지만, 어찌 보면 서로가 서로를 인질로 만드는 악순환이 아니었나 싶다.

*

외주로 시작된 독립은 사실 내가 원하던 일이 아니었다. 정년이 언제인지는 모르겠지만 나는 내가 일을 더는 할 수 없을 때까지 회사에 다니고 싶었다. 회사를 그만두고 직장을 구하던 중, 정기적으로 진행할 수 있는 일을 맡기겠다는 지인의 말에 덜컥 작업실을 얻었다. 정기적인 일이 있다면 당장의 자금 압박이 덜할 테니 일은 차차 늘려 가면 되겠다는 생각이었다. 막상 작업실을 구하면서는 '이제 하기 싫은 작업은 안 해도 되겠구나'라는 생각에 신이 나기도 했다. 경제경영 분야의 책이나 자기계발서가 다 문제는 아닐 테지만, 회사에 다닐 때 부자가 되는 법이나 개인의 자기계발로 모든 문제를 해결할 수 있다는 식의 이야기를 담는 책을 작업할 때는 유난히 재미가 없었다. 내가 책이라는 것에 대해 갖고 있는 생각이 비록 어느 정도의 환상일지라도, 그리고 내가 가진 생각이나 세계관이 다 옳지도 않았겠지만 이건 뭔가 아니다 싶었다. 그 아니다 싶은 일을 하지 않아도 된다고 생각하니 괜스레 우쭐한 마음이 들기도 했다. 그런데 작업실 준비를 마치고 나니, 당장의 자금 압박을 덜어 주리라 기대했던 그 정기적 일이 들어오지 않았다. 작업실도 얻어 놓고 장비도 다 사들인 상태라 무척이나 당황스러웠던 그때, 출판노동자협의회(현 전국언론노동조합 서울경기지역 출판지부)에서 알게 된 편집자의 소개로 일을 시작하게 됐다. 그 뒤로 고맙게도 일하는 출판사나 주변 사람들의 소개로 이어 온 것이 어느새 6년이 됐다.

다행스럽게도, 운이 나쁘지는 않았던 것 같다. 특별히 일이 뚝 끊기거나 디자인 작업비를 떼이거나 하는 일 없이, 처음에

장만했던 컴퓨터를 비롯한 여러 장비들을 되파는 일 없이 먹고살고 있으니 말이다. 그런데 오랜 기간 같이 일해 온 출판사들은 거의 인문사회 분야의 책을 내는 곳이라 그 분야의 책을 주로 맡아 하고 있기는 하지만, 하기 싫다고 생각했던 분야의 작업을 아예 하지 않을 수는 없다. 수입이 불안하기도 하고, 소개라서 거절하기 힘들 때도 있고, 뭐 이런저런 이유에서다.

소속을 갖고 일하는 출판계 사람들을 만나다 보면 프리랜서로 일을 하면서 좋은 점이 뭔지 많이들 묻는다. 나 역시 회사에 다니며 출근하기 싫은 아침을 맞을 때면 프리랜서를 부러워했던 적이 있었다. 하지만 프리랜서라는 게 그런 부분에서 큰 장점이 있는 건 아니다. 물론 정기적으로 출근을 안 하니 두세 시간 더 아침잠을 즐기는 여유를 가질 수 있다는 점은 참 좋다. 그러나 일이 몰릴 때는 마냥 늦게까지 잘 수 있는 것도 아니다. 잡다한 업무가 줄어서 일에 몰입할 수 있다는 것도 장점이겠다. 회사에 다닐 때는 위에서 불러대기도 하고, 전화도 많이 오고 하니 막 탄력받고 있는 일의 흐름이 끊기는 경우가 많았다. 지금이라고 내 맘대로 일하고 내 맘대로 쉴 수 있는 건 아니지만, 회사에서보다는 시간 운용에 (여유라기보다는) 융통성을 갖게 된다. 반대로 회사 다닐 때의 장점은 고스란히 지금의 단점이 된다. 수입이 일정하지 않다 보니 일이 없을 때는 없어서 걱정, 많을 때는 일을 나누거나 일정을 조절하기가 회사에서보다 어려움이 많아서 걱정이다. 함께 의견을 나누며 일할 동료가 없다는 점 때문에 힘들기도 하다. 일 하나하나에 대한 책임감도 훨씬 커져서 부담도 커진다.

이 일을 하면서 직원일 때도 프리랜서일 때도 가장 힘든 건 역시 일정인 듯하다. 작업량이 많거나 일정이 급할 때는 어쩔 수 없지만, 딱히 그런 경우가 아니어도 언제든 연락이 되는 상태여야 하고, 일이 넘어오는 대로 바로 처리해야 하는 상황도 생길 수 있어서 출판사의 연락을 기다리며 대기하는 경우가 많다. 그리고 내게 작업을 맡길 때는 그렇게 빠듯하던 일정이, 저자나 출판사의 사정으로 한없이 미뤄졌다가 다시 내게로 올 때 촉각을 다투는 일이 돼 있기 일쑤다. 촉박한 작업일수록 처음에 잡힌 일정이 잘 지켜져야 하는데 그렇지 않을 경우 일정의 부담이 온전히 디자이너에게 전가되는 경우도 많다. 회사 내에서 일할 때보다 조율할 수 있는 폭이 좁아지는 프리랜서는 이럴 때 더 힘들어지는 듯하다.

편집자도 마찬가지겠지만, 디자이너에게는 창의성을 강조하며 디자인 작업을 노동의 범주에 속하지 않는 것처럼 여기는 사람들을 종종 보게 된다. 물론 디자인은 내용에 우선해 시각적으로 책을 보여 주는 첫 과정의 일이라고 볼 수 있다. 같은 내용이라 해도 어떻게 더 매력적으로 시선을 끌 것인지가 중요한 작업이고, 어떻게 본문을 더 매끄럽게 읽게 만들 수 있을지 고민해서 디자인으로 표현하게 된다. 그렇다고 해서 이 일을 예술이나 문화의 범주(예술과 문화 행위도 노동이라는 생각 없이)에 넣어 버리고, 그 노동의 가치가 무시되는 일이 있어서는 안 된다. 누구도 직접적인 말로 표현하지는 않았지만, 회사를 다닐 때는 '책을 만드는데, 이렇게 중요한 일을 하는데 야근이나 휴일 근무가 대수인가', '연봉 올리고 시간 외 수당 받는 게 책보다 중요한가' 등의 생각이 노동권을 신경 쓰지 않게 하는 장치로 작용했다.

*

책을 디자인한다는 건 나 혼자 상상력을 발휘해 내 마음대로만 표현하는 것이 아니다. 책의 내용에 맞게 본문을 구성하고, 내용에 어울리는 표지를 잡는다. 그렇기에 책의 기획 의도나 주제, 분위기를 제대로 파악하기 위한 편집자와의 소통도 중요하고, 독자에게 전달될 때는 어떻지 독자의 관점에서 책을 보려는 노력도 필요하다. 창의성은 원고의 내용과 편집자와의 소통에서 출발하는 것이지 기발한 아이디어나 감각으로만 표현하는 것은 아니라고 생각한다.

북 디자인이라 하면 표지 디자인이 전부라 생각하는 사람도 많은데(일을 하는 디자이너조차도), 실제로 비중은 50대 50이 아닐까 싶다. 일을 맡긴 쪽이 표지 디자인에 무게를 두고 본문 디자인은 그에 따르는 단순한 부속물인 것처럼 취급하는 듯한 인상을 받으면 내 노동의 반쪽이 가치를 잃는 것 같아 속상하다. 간혹 본문만 작업하거나 표지만 작업하는 경우도 있는데 본문만 작업을 맡길 때는 담당자가 조심스러워 하는 경우가 있다. 디자이너가 그걸 좋아하지 않는다고 생각해서 미안해하는 것 같다. 그렇지 않은데, 본문이든 표지든 작업하면 다 내 자식인데.

본문 디자인은 표지 디자인에 비해 두드러지지는 않지만, 독자가 책을 읽기 시작해서 놓는 순간까지의 많은 시간 동안 텍스트와 함께하는 부분이다. 가독성을 고려한, 낯설지 않은 익숙한 느낌을 주되, 그러면서도 색다르고 은근한 매력이 있어야 한다는 점에서 까다롭다. 오류 없이 정확한 작업이 이루어져야 하는 부분이고, 수정 등을 위해 다시 만져야 할 때는 본문 전체를 컨트롤할 수 있어야 하기 때문에 작업의 숙련도는 표지보다 더 많이 요구된다. 초보일 때는 몰랐던 것 중 하나가 디자인이나 감각이나 아이디어 자체도 숙련된 노동에서 오는 것 (적어도 내 경우에는 그랬다)이라는 점이다.

표지 디자인을 할 때는 언젠가 읽었던 한 디자이너의 글을 떠올린다. 작은 눈덩이를 굴려서 커다란 눈사람을 만들 듯이 본문 내용을 보며 눈덩이를 키워 가라는, 디자인 서적을 보는 것도 중요하지만 본문에서 해답을 찾으라는 내용이었는데 그 글에서 많은 것을 배웠다. 이렇게 어떤 글에서는 많은 것을 배우기도 하지만 공허함을 느끼게 하는 조언도 많았다. 유명 북 디자이너들을 동경하며 그들의 이야기에 귀를 기울이던 때에

들은 이야기들은 많이 읽고, 많이 보고, 여행도 많이 하고, 고민도 많이 하고 등등 뭘 많이 하라는 조언이었다. 맞는 이야기다. 하지만 그런 이야기를 들으며 공허함을 느끼는 이유는 우리의 일상 속에서는 그저 바람에 그칠 수밖에 없는 것들이 많았기 때문이다. 또한 그 속에 우리의 삶, 그 자체의 질을 나아지게 하는 본질적인 이야기는 없기 때문이기도 했다. 그들의 이야기는 (자기계발서에서 느껴지는 공허함과 마찬가지로) 모든 문제를 나 개인의 범위에서 머무르는 것으로 만들었다. 물론 지금도 그들의 작업 방식에 많은 관심을 갖고 있고, 그들의 이야기에 귀를 기울이지만 거기에만 머물러 있을 수만은 없을 것 같다.

*

책을 만드는 일을 예술로 보는지 노동으로 보는지는 그다지 중요한 문제가 아닐 수도 있다. 또 그걸 경계 짓는 일이 무슨 의미가 있을까 싶기도 하다. 하지만 우리가 우리의 일을 노동으로 인식하는지, 우리 스스로를 노동자로 생각하는지는 우리 삶의 질을 결정하는 중요한 지점이 되는 듯하다. 일을 하면서 '이게 아닌데' 하고 느끼거나 회의가 들었을 때, 나 자신이 일로 인한 자존감을 찾지 못하고 헤맸던 때를 떠올려 보면 대부분 너무 많은 일에 치이거나, 의미 없이 일하고 있는 게 아닐까 하는 생각이 들었을 때였다. 나는 잘하고 있는 걸까? 지금 잘 살고 있는 걸까? 하는 불안함이 느껴지기도 한다. 그럴 때 다른 디자이너를 만나게 되면 꼭 묻게 된다. 내가 어려워하는 부분들을 그들도 어려워하는지, 나와 비슷한 고민을 하고 있는지……. 이야기를 들으며 위안을 받기도 하고, 자극을 받아 분발하기도 하고, 나만 발전이 없는 것 같아 다시 불안해지기도 한다. 처음 일을 시작했을 때 막연하게 가졌던 '잘나가는 디자이너'는 어떤 모습이었는지도 생각해 본다. 그때 생각했던 '잘나가는'의 느낌은 성공이나 유명해지거나 부자가 되는 게 아니었다. 일도 즐기고, 여행을 많이 다니며 삶을 즐기는, 그러면서도 일도 잘하는 모습이었다. 지금의 나는 일과 삶을 즐기고 있나? 일은 남부럽지 않게 잘하고 있나? 몇 년에 한 번씩 찾아오는 슬럼프는 일에서도 한 단계 훌쩍 뛰어넘는 교육이나 연수 같은 프로그램을 바라기도 하고, 방전되는 나를 충전할 수 있는 휴식을 바라기도 한다.

그래서 다시 노동권을 이야기하고 싶다. 교육 프로그램도 재충전도 쫓기지 않는 일정도 모두 이 노동권에서 출발해서 풀어 나가야 하는 문제인 것 같아서다. 책 만드는 일을 더욱 완성도 있는 일로 만들어 내기 위해서 요구돼야 하는 건, 일하는 사람에게만 강요되고 포장되는 열정과 희생이 아니라, 제대로 된 노동 조건을 제시하고 그 권리를 말할 수 있는 시스템이어야 한다. 출판계가 어렵다고 이야기하면서도 그 어려움을 타파

하기 위한 방법으로 노동력과 인건비를 짜내는 방식만이 우선되고 있는 건 아닌지 안타깝기도 하다. 회사 내 노동자에 대한 처우가 많이 달라지지 않으니 외주자의 노동 비용 또한 오랜 기간 제자리 상태다. 근본적으로 외주자의 문제는 다시 회사의 인력으로 고용돼야 해결되는 것일지 모르지만, 현실적으로 그것이 어렵다면 작업비의 현실성도 고려됐으면 한다. 학교 다닐 때 이것저것 기웃거리고 따라다니면서, 졸업하고 사회에 나왔을 때는 사회 운동과 변혁에 대해 어떤 '동경'이나 '로망' 같은 걸 갖고 있었다. 그 흐름에 속하고 싶었고, 회사에 노동조합이 있으면 좋겠다는 생각도 했다. 하지만 현실에서의 나는 그냥 묵묵히 일하고, 부당함에 맞서지 않는 그냥 그런 사람이었다. '노동조합도 없는데 뭘 어쩌라고?', '우선은 일을 잘 배우고 경력을 쌓는 게 중요해'라는 생각이나 하면서 부글부글 끓는 마음을 눌렀다. 그러다 일상 속에서 소심한 반항을 조금 하고, 회사를 그만둘 때 사장에게 할 말을 다 하면서 시원하게 뚜껑을 열어 주고 나오는 정도를 내가 할 수 있는 저항이라고 생각했다. 그래서 지금의 전국언론노동조합 서울경기지역 출판지부가 된 출판노동자협의회를 인터넷에서 발견했을 때 얼마나 기뻤는지 모른다. 술자리에서 푸념하듯 하는 불평불만이 아닌 (당장 실현할 수는 없어도) 구체적인 대안을 함께 나눌 수 있는 자리가 있다는 것에서, 언젠가 노동조합으로 발전할 수 있는 토대로 내 마음 한곳에 '믿는 구석'이 생겼다는 점에서 말이다. 모임에 나가면서도 종종 부끄러움을 느꼈는데, 회사에 다니면서 노동조합 활동을 하거나 혹은 노동조합을 만들기 위해 준비하는 동료들을 볼 때 그런 마음이 들었다. 노동조합 활동을 하는 것은 아니지만 부당함에 당당히 대처하는 동료를 볼 때도 마찬가지였다. 내가 회사를 다니며 나름 저항이라고 생각했던 방식들은 현실을 변화시키는 데 도움이 안 되는, 지나고 나면 잊히는 '이상한' 직원 한 명의 반항에 불과했으리란 생각이 들었다. 어쩌면 나 혼자만의 분풀이만 하고 나온 것일 수도 있고……. 나는 왜 저렇게 못했을까? 하는 생각에 그 동료들이 부러웠다. 다시 돌아간다면 잘 할 수 있을까? 아마도 예전처럼 똑같이 하지 못할 확률이 더 높다. 그래서 여전히 부끄럽고 부럽다.

지금은 노동조합으로 발전한 그 모임 속에서 별다르게 하는 일이 없으면서도 내가 희망을 갖는 건, 느리더라도 활동이 조금씩 구체화돼 가는 것을 지켜보고 있기 때문이다. 출판노조에 갖는 여러 기대와 희망 중 하나는 노동 조건의 '낙수효과'다. 경제 발전에서의 낙수효과는 허상이라고 보지만, 노동 조건에서만큼은 가능성이 있는 말이라 생각한다. 회사든 어떤 개인이나 집단에서든 노동 조건이 좋아지면 향상된 노동 조건은 다른 일터로 전파될 수 있다. 주 5일 근무가 그랬고, 주 40시간 노동이 그랬듯이 말이다. 점점 노동 조건과 고용 수준이 하향 평준화돼 가는 것 같아서 매해 불안하지 않은가? 물론 무조건적인 믿음을 갖는 건 아니다. '연대'라는 것에서 희망을 갖는 것이다. 혼자가 아니라 함께 이야기하고 공감하고 행동하면 달라질 것이라는 믿음에서 희망을 갖는다.

나는 그냥 직장인이 되고 싶었다. 내 삶을 책임지고 일을 즐기면서 나의 일을 (매우) 잘 해내는 프로 말이다. 여러 일을 전전하다가 찾은 것이 책을 디자인하는 일이었고, 북 디자인은 그간 해 왔던 어떤 일보다 재밌고(처음엔 재밌었다), 의미 있다고 생각되는 일이었다. 지금의 나는 처음 생각했던 멋진 북 디자이너의 삶을 살고 있을까? 멋진 디자이너, 이 말 자체에 쓸데없는 환상이 있다. 멋있다는 게 뭔지도 모르고 그냥 막연하게 가졌던 꿈이었던 것 같다. '꿈이 깨졌다'기보다는 '환상이 깨졌다', '현실을 직시했다'는 말이 맞을지도 모르겠다. 현실이 답답해 삶을 사랑하는 것까지는 못하겠고, 일정이 촉박해 일을 사랑하는 것까지는 못하겠는데, 나는 여전히 이 일을 하고 있고 가끔 내 일이 참 좋다고 느낀다(일하기 싫은 마음은 별개로 하고). 여전히 체력전이고, 일정에 쫓기고, 여러 걱정에 시달리지만 본문을 마감하고 난 후 깔끔한 교정지를 마지막으로 출력하면 그 교정지가 그렇게 예쁠 수가 없다. 울고 싶을 정도로 나오지 않던 표지도 시안으로 완성해 통과되면 마감을 맞는 것보다 더 기쁘다. 책이 나오면 하나하나 다 예쁜 자식 같고, 작업하면서 짜증 났던 일들도 결제까지 받고 나면 우습게도 하나도 생각이 안 난다. 그래서 바로 다음 마감이 코앞이어도 이겨 낼 수 있는 게 아닐까 싶다. 누구도 따라올 수 없게 일을 잘하고 있는 것 같지는 않지만, 무엇보다 할 수 있는 내 일이 있어서 내 삶을 책임질 수 있는 것에 고맙기도 하다. 이런 내게 바람이 있다면 할 수 있는 한 이 일을 오래 하고 싶다는 것이다. 무언가에 적응하는 데 시간이 많이 걸리고 게으르기까지 한 나는 제2의 인생 계획 같은 것을 세우는 게 무리다. 그런 걸 계획할 힘이 있으면 지금 하는 일에 쓰겠다. 그러기 위해서 회사 안에서나 밖에서 일하는 모든 출판노동자들이 일할 맛 나는 일터에서, 책 만드는 일을 더 즐겁게 할 수 있게 되길 바란다. 뻔한 이야기지만, 그 뻔한 이야기가 너무 지켜지지 않는 현실이어서 더욱 간절하다. 그리고 노동조합이 더 커지고 산별로 크게 묶였으면 좋겠다. 노동조합 안에서 노동권에 대한 교육이나 세미나도 하고 문화나 작업 실무에 관한 교육도 하게 된다면, 방전돼 무기력한 느낌이 들 때 모두가 함께 이겨 낼 수 있지 않을까?

고래 배 속으로 들어가기

이용석
현실문화 편집부

편집자가 되리라고는 단 한순간도 생각해 본 적이 없었다. 그것도 서른 살, 적지 않은 나이에 신입 직원으로 말이다. 편집자가 아니라 회사원이 될 생각조차 해 보지 않았다. 일 안 하고도 먹고살 정도로 부자여서 그런 것은 아니고, 평생 전업활동가로 살아가겠다고 생각했기 때문이다. 그래서 취업을 위한 어떤 노력도 하지 않았다. 남들 다 있는 토익 점수는커녕 스펙으로 내세울 어떤 것도 없었고, 하다못해 운전면허증도 없었다. 그런 것들이 없어도 활동가로 사는 데에 큰 지장은 없었다. 조금 불편할 때는 있었지만, 고맙게도 그때마다 도와주는 친구들이 있어서 그럭저럭 문제없이 살아갔다. 하여간 평화운동단체 '전쟁없는세상'을 갑자기 그만두고 취직을 준비해야 했을 때, 내가 가진 남다른 거라고는 병역거부로 얻은 전과자라는 타이틀밖에 없었다. 그건 취직에 도움이 될 스펙은 아니었다. 대학을 졸업하고 20대 전부를 '전쟁없는세상'에서 보냈는데, 앞으로 무슨 일을 해야 할지, 할 수 있는 일은 무엇인지 막막했다. 아무 회사나 들어가 당분간 돈을 벌면서 살아야겠다고 생각했지만, 아무 스펙도 없는 내가 과연 어떤 회사에 들어갈 수 있을지 자신이 없었다. 주위 사람들에게 내가 할 수 있는 일이 무엇인지 물었다. 그때 주위의 여러 사람들이 추천해 준 직업이 바로 출판 편집자였다.

편집자가 무슨 일을 하는지는 잘 몰랐지만, 그래도 책을 읽고 글 쓰는 걸 좋아하는 편이었으니 어쨌든 그 일이 내게 나쁘지는 않을 것 같았다. 병역거부자들 가운데 출판사에서 편집자로 일하는 사람이 몇 명 있었는데, 그중에는 출소하고 나서 출판사에 들어간 사람도 있었으니 확실히 전과자인 게 취직에 크게 마이너스로 작용하지는 않는 듯했다. 무엇보다도 내겐 다른 하고 싶은 일이 딱히 없었고 다른 선택지도 없었다. 출판사에서 편집자로 일하는 대학 선배한테 전화해서 편집자가 되려면 어떻게 해야 하냐고 물었다. 선배는 출판사 구인 공고가 올라오는 인터넷 게시판을 알려 줬고 나는 곧바로 게시판에 들어가서 구인 공고들을 살펴봤다. 그 가운데 눈에 들어오는 출판사가 하나 있었다.

사실 나는 그 출판사에 대해 아는 게 전혀 없었다. 나중에 알고 보니 거기서 나온 책 중 몇몇 책들은 내가 아는 책이었지만, 출판사 자체는 생소했다. 내 눈을 끌어당긴 것은 출판사 이름이 아니라, 구인 공고 내용이었다. 학력과 경력을 따지지 않는다는 말을 보니, 출판사 신입으로 입사하기엔 나이가 적지 않은 나에게도 자격이 주어지는 것 같았고, 무엇보다 머리 대신 몸 쓰는 일의 가치를 중요하게 여긴다는 말이 마음에 들었다. 신입을 뽑는 다른 출판사도 없었거니와, 출판사의 구인 공고 내용도 마음에 들어서 더 고민하지 않고 지원서를 넣었고 운 좋게 한 번에 합격했다.

그때까지도 나는 출판사가 어떤 일을 하는지, 편집자는 무슨 일을 하는지 전혀 알지 못했다. 면접 때 왜 편집자 부문에 지원했냐는 물음에, 편집자를 뽑으니 편집자를 지원했다고, 영업자를 뽑았으면 영업자를 지원했을 거라고 답했을 정도였다. 아무 일이라도 하면서 밥벌이를 해야겠다고 생각했고, 그나마 조금 덜 나쁜 일이면 좋겠지만 아주 나쁜 짓을 하는 일만 아니면 된다고 생각했다.

*

노동조합 활동 같은 건 아무래도 좋았고 별로 신경 쓰지도 않았다. 솔직히 말하자면 전에는 나도 노동조합 운동에 대해 거부감을 가지고 있었다. 보수 언론이 민주노총을 공격하는 것에는 절대 동의할 수 없었지만, 내가 보기에 노동조합 운동은 너무 관료적이고, 위계적이고, 비민주적이었다. 병역거부 운동 초창기에 민주노총 집회에 가서 대체복무제 입법을 위한 서명을 받을 때면 "남자라면 군대에 가야지. 너도 나도 군대 안 가면 나라는 누가 지켜?"라며 서명 대신 면박을 주던 노동자 아저씨들이 제법 있었다. 그 기억도 노동조합에 대한 좋지 않은 인상을 갖게 하는 데 한몫했다.

어차피 나는 사회 운동을 하러 회사에 들어온 게 아니었다. 운동을 계속할 생각이었으면 '전쟁없는세상'에 남아 있거나 다른 단체로 옮겼을 것이다. 일에 대한 커다란 욕심도 없었다. 회사에 대해서도 딱히 바라는 것이 없었고, 그냥 월급만 밀리지 않는다면 몇 년 간은 회사에 다니면서 돈이나 모아야겠다고 생각했다.

월급은 과연 제날짜에 딱딱 나왔다. 그런데 첫 월급을 받고 난 며칠 뒤 나보다 두어 달 먼저 들어온 수습사원 한 명이 잘리는 일이 생겼다. 대표이사는 해고가 아니라 계약해지라고 했지만 해고든, 계약해지든, 권고사직이든 대표이사의 납득할 수 없는 말 한마디로 동료가 회사에서 쫓겨난다는 것을 받아들일 수 없었다. 다른 동료들과 함께 해고를 막을 방법을 찾아봤지만 별 수 없었다. 아는 변호사에게 물어봐도, 민주노총에서 활동하는 선배에게 물어봐도 우리가 할 수 있는 일은 없었다.

무기력한 건 우리만이 아니었다. 회사의 간부들도 무기력하기는 마찬가지였다. 회사를 다니면서 보니, 대표이사의 막강한 권력을 견제할 수 있는 세력이 아무도 없었다. 대표이사가 독점한 권력을 나누거나, 최소한 감시하고 견제해야 회사가 건강할 수 있는데, 그 역할을 할 사람이 아무도 없었다. 이사들도, 주주들도 결국 대표이사를 거스를 수 없는 사람들이었다. 대표이사의 권력을 견제하고 감시하기 위한 방법으로 나는 아주 당연하게도 노동조합을 떠올렸다. 우선 뜻 맞는 동료들을 모았다. 그들과 함께 다른 동료들은 노동조합에 어떤 생각을 갖고 있는지 알아봤다. 다행히 평직원들은 대부분 노동조합의 필요성에 공감했고 힘을 실어 줬다. 그 뒤로는 거칠 것이 없었다. 우리는 노동조합에 대해 공부를 하고 토론을 했다. 언론노동조합이나 이미 노동조합이 있는 출판사의 분회처럼 회사밖 사람들도 만나서 여러 도움을 받았다. 박노자 선생님, 이계삼 선생님처럼 출판계에 널리 알려져 있으면서 노동조합 출범을 지지해 줄 만한 분들에게 축하 인사를 받았다. 회사의 눈치가 보여서 쉽지 않았을 텐데, 고맙게도 창립 축하 인사를 보내준 저자들도 있었다. 조합원들의 노력과 여러 분들의 도움으로 드디어 창립총회를 거쳐 노동조합을 만들었다.

생각해 보면 참 신기한 게, 당시 조합원들 가운데 노동조합 활동을 해 본 사람은 거의 없었다. 출판계에 원체 노동조합이 없기도 한데다, 이곳이 첫 직장인 사람들이 많았기 때문이다. 그나마 나는 시민단체 활동을 했기 때문에 노동조합이 크게 낯설지는 않았지만, 다른 사람들은 사회 운동을 경험한 사람도 거의 없었다. 오히려 사회 운동이나 진보 운동에 관심을 갖고 있거나 연관이 있는 사람들은 경영진과 중간 간부들이었다. 그 사람들이 보기에 우리는 노동운동의 '노'자도 모르는 치들이었다. 우리는 "노동자 의식도 없는 애들이 노동조합을 만든다"는 이야기를 건너건너 들어야 했다. 또 우리가 들어야 했던 이야기는 "배부른 애들이 투정한다"는 이야기였다. 말인즉슨 이곳은 다른 곳보다 처우나 노동 조건이나 급여 수준이 괜찮은 편인데, 뭐가 부족해서 노동조합을 만드냐는 것이었다.

사실 저 두 말은 굉장히 모순되는 내용으로, 저 두 가지 말로 동시에 우리를 비판하는 것은 논리적으로 성립할 수 없다. 노동자 의식, 즉 계급 의식이 있는 노동자들은 자기 배가 부르더라도 노동조합 활동을 열심히 한다. 반면 노동자 의식이 약하거나 없는 노동자들은 자기 회사 노동 조건이나 급여가 만족스럽다면 노동조합 활동을 안 하기 마련이다. 우리들더러 자기 처지에 만족하라면서, 동시에 노동자 의식이 없다고 비판하는 건 논리적으로 불가능하다. 저 말을 한 사람들은 우리가 노동조합 활동을 열심히 하는 게 그냥 싫었던 것이다. 대부분의 사회 이슈에서는 진보적인 입장을 취하지만, 자기 회사에 노동조합이 생기는 것은 견딜 수 없었던 셈이다.

경영진들의 반응은 사실 예상대로였고, 그것은 내게 별다른 생각할 거리를 주지는 못했다. 오히려 나는 내 자신에게 노동조합 활동을 왜 열심히 했는지 묻고 싶다. 나는 왜 내 정체성을 편집자로 인식하기 전에 출판노동자로 인식했을까? 우리가 노동조합을 만든 건 해고당하지 않기 위해서이기도 하고 대표이사의 권력을 감시하고 견제하기 위해서이기도 하다. 그렇지만 이 교과서 같은 대답들은 틀린 말은 아니나, 나는 그 이유들에 대해서는 전혀 설레지 않는다. 사람들은 논리와 이성만으로 움직이지 않고, 나 또한 마찬가지다. 몸이 움직이기 위해서는 머리로 이해하는 것에 가슴을 움직이는 것이 더 필요하다.

처음에는 희망이 우리를 움직였다. 우리가 노력하면 이 회사가 좀 더 좋아질 수 있고, 좋은 사람들과 오래도록 좋은 회사를 다닐 수 있다고 생각했다. 하지만 우리가 노력하면 할수록 대표이사와의 갈등은 심해졌다. 우리의 문제제기와 제안에 대해 회사는 마치 노동조합이 칼을 들고 회사에게 달려든다는 듯이 반응했다. 경영진에게 우리는 고래 배 속에 든 이물질이었다. 갈등은 사그라들지 않았고, 갈등 과정에서 경영진의 밑바닥을 보면서 나는 그리 오래지 않아 우리가 노력하면 회사가 더 좋아지리라는 희망을 포기했다.

그렇다면 그 뒤로도 노동조합 활동을 열심히 한 까닭은 뭘까? 지금 생각해 보면 모욕감이 나를 움직였던 것 같다. 나는 내가 '보성 녹차 먹은 돼지' 같다고 생각했다. 돼지 주인은 돼지에게 녹차를 비롯해 좋은 것들만 먹이지만, 그건 결코 돼지를 위해서가 아니다. 돼지는 주인에게 상품일 뿐이다. 내가 누리는 여러 좋은 노동 조건이, 특히 4시에 퇴근하는 '6시간 노동제'가 돼지가 먹는 녹차처럼 느껴졌다. 그것은 노동자가 싸워서 얻은 권리가 아니었고, 대표이사는 그 제도를 자기가 베푼 시혜쯤으로 여기고 있었기 때문이었다. 아무튼 회사에서 우리가 할 수 있는 말은, "행복하다"였다. 사실상 다른 말은 허락되지 않았다. "나는 회사 생활이 행복하지 않다"는 말은 대표와 경영진들에게는 가장 불온한 말로 여겨졌다.

억지 웃음을 지어야 한다는 것이, 거짓으로 행복한 척을 해야 한다는 것이 내게는 무척 모욕으로 다가왔다. 월급에 내 노동력을 팔지라도, 일을 잘하든 못하든, 나는 한 명의 자유로운 인간이고 싶었다. 강요당한 행복을 거부하고 불행해질 권리를 가진 인간이 되고 싶었다. 시혜에 감사하기보다는 작은 권리라도 내 스스로 일구어 나가고 싶었다. 노동조합 활동은 내가 불행마저도 스스로 인정할 수 있는 자유를 가진 인간임을 증명하는 행위였다.

*

노동조합을 만들고 나서부터는 갈등이 일상적으로 발생했다. 그건 나쁜 일은 아니었다. 오히려 내가 바라던 바였다. 갈등이 없는 상태는 문제가 없는 상태가 아니라, 문제가 은폐된 상태이기 때문이다. 하지만 갈등은 줄어들 기미가 보이지 않았고, 그건 나쁜 일이었다. 동료들과 오래도록 다닐 수 있는 회사를 만들고 싶어서 노동조합을 만들었는데, 노동조합이 생기고 나서도 회사를 그만두는 동료들이 계속 생겼다. 자기 꿈을 찾아간 사람도 있었지만, 대부분은 회사에 치이고 지쳐서 떨어져 나갔다. 그 가운데는 노동조합 활동을 가장 열심히 한 사람들도 있었다. 단체교섭에 들어가서 회사의 민낯을 봐 버린 까닭이었다. 어느 날인가는 대의원 한 명이 나를 보자고 했다. 나는 그때 무슨 이유에서였는지 인트라넷에 남아 있는 예전 선배들의 사직서를 하나씩 보고 있던 터였다. 불길한 느낌이 나를 덮쳤다. 그 대의원은 영혼이 파괴되는 기분이라며 사표를 냈다고, 나한테 미안하다고 했다. 차마 붙잡을 수 없었다. 나 또한 내 영혼이 파괴되는 것 같은 기분에 회사를 그만두고 싶었기 때문에 그 동료의 마음을 너무나도 잘 알 수 있었다. 회사가 함부로 해고하는 것은 막았는지 모르지만, 해고나 다를 바 없이 만신창이가 돼 회사를 떠나는 사람들이 하나둘 늘어났다. 노동조합은 그 사람들을 회사로부터 지켜 내지 못했다. 실패한 노동조합 간부라는 생각에 나는 처참했고, 내 회사 생활이 그리 오래 남지 않았다는 걸 깨달았다.

그리고 1년 정도 더 지난 2012년 9월, 나는 회사를 그만두었다. 그만둔 지 제법 됐는데도 나는 아직도 왜 그곳을 그만두었냐는 질문을 듣곤 한다. 지나가는 말로 묻기도 하지만, 4시에 퇴근하고 좋은 책도 많은 그 좋은 직장을 왜 그만두었는지를 궁금해 하는 사람들도 있다. 다른 노동자들과 마찬가지로 나 또한 사표를 내는 순간은 충동적이었지만, 그 이전에 충분하고도 남을 만큼 긴긴 인내의 시간을 보냈다. 그 시간 끝에 나 또한 더는 내 영혼이 파괴되는 것을 그저 두고 볼 수 없었다. 더 이상 참기 싫었고 참을 수 없었을 때, 고래 배 속에서 도망치기로 결심했다.

내 앞길에 대한 현실적인 고민도 크게 작용했다. 그 출판사를 다닌 3년 동안 나는 내가 편집자로서 제대로 성장하지 못하고 있다고 느꼈다. 나는 책 기획에 관심이 많았는데 그곳은 편집자들에게 기획의 기회를 주지 않았다. 기획회의 때문에 스트레스 받는다는 다른 출판사 편집자들 이야기를 들을 때는 부러움을 느꼈다. 그리고 그곳은 책이 아주 천천히 나와도 크게 신경 쓰지 않았다. 다달이 책을 내야 하는 편집노동자들이 들으면 배부른 투정이겠지만, 나는 편집 일을 배우는 것에 갈증을 느꼈다. 다른 출판사 편집자들이 1년이면 만들 책 숫자를 우리는 몇 년에 걸쳐 냈다. 그렇다고 더 꼼꼼하게 정성을 들여 만드는 구조도 아니었다. 기획서를 써 가도 제대로 논의하지도 않았고, 책이 나온 뒤에도 책에 대한 피드백을 받을 수 없었다. 책보다는 대표이사 이름이 언론에 오르내리는 것에 관심을 갖는 회사에 계속 머무르다가는 일을 제대로 할 줄 모르는 사람이 돼, 나중에도 이직할 수 없겠다는 위기의식을 느꼈다. 이미 이직하기에 적지 않은 나이에 애매한 경력이었지만, 더 늦어지면 이직이 아예 불가능할 거라 생각했다.

마지막으로 함께 회사를 다니고, 함께 노동조합 활동을 했던 동료들을 미워하게 되는 상황을 마주할 자신이 없었다. 대표이사는 여느 사장과 마찬가지로 직원들 사이에 갈등을 조장하는 비상한 재주를 가졌는데, 우리는 알면서도 속절없이 당하는 수밖에 없었다. 갈등의 낌새가 조금씩 느껴질 때쯤, 나는 앞으로 일어날 일들을 감당할 자신이 없었고, 그래서 동료들을 남겨 둔 채 도망쳤다. 미안한 마음이 가득이었지만, 정말로 도망치지 않고서는 버텨 낼 자신이 없었다. 불행히도 내 예상은 들어맞았다. 내가 퇴사한 뒤 노동조합은 극심한 분열을 겪었다. 회사는 분열을 부채질했다. 노동조합 활동에 열심인 사람들만 '콕 찍어' 못살게 굴고, 부서 이동을 시키고, 징계를 내리기도 했다. 남아 있는 동료들 가운데 일부가 마지막 힘을 짜내회사와 맞서 싸울 때는 '내가 남아 있었다면 함께 싸울 수 있을텐데' 하는 아쉬움과 후회가 밀려왔다. 그렇더라도 어쩔 수 없는 일이었다. 만약 시계를 돌려 사표 내던 날로 돌아가더라도, 나는 주저 없이 사표를 냈을 터였다. 나는 이 사태를 예상했으니까 도망쳤던 게 아닌가.

함께했던 동료들을 미워하는 일은 참 불편하고 슬픈 일이었다. 내 머리는 분열을 조장한 대표이사에게 분노하라고 지시했지만, 마음은 대표이사에게 탄압받는 노동조합과 함께 싸우기보다는 경영진과 같은 자리에서 노동조합을 비난하는 옛 동료들을 미워하고 있었다. 한때 나는 그들을 정말로 이해하고 싶었다. 왜 우리는 같은 자리에서 출발해서 이렇게 다른 자리에 서게 됐는지, 같은 일을 겪었으면서도 어떻게 이렇게까지 다른 생각을 하게 됐는지 궁금했다. 모든 직장인이 생계 때문에 어느 정도는 타협을 하거나 복종해야 한다는 것을 모르는 바는 아니었지만, 그리고 처음에는 무관심이나 외면 정도로 시작했던 타협이 나중에는 자기 합리화를 통해 더 적극적으로 권력자에 대한 복종으로 바뀐다는 것을 알고 있었지만, 그런 뻔한 이치 때문이라고 생각하고 싶지 않았다. 우리가 그렇게 단순한 존재라는 건 너무 슬픈 일이고, 그걸 받아들이고 싶지 않았다. 분명 다른 이유가 있으리라 생각했다. 그래서 그 이유를 찾으려고 몸부림쳤다. 경영진에게 시달려 만신창이가 된 노동조합 집행부를 보면서, 그런 그들에게 이제 그만 좀 하라는 사람들을 보면서, 과연 인간이 타인의 고통에 공감하는 게 가능한 일인지, 만약 가능하더라도 한 사람이 겪는 고통이 다른 사람에게 온전히 전달이 될 수 있는지를 끊임없이 스스로에게 물었다.

이제는 그 질문들을 더 이상 떠올리지 않는다. 여전히 답은 얻지 못했지만, 조금이나마 남아 있던 애정이 사그라지고 나서는 이해하려는 노력을 하지 않게 됐기 때문이다. 그렇지만 저 질문들은 내 마음 깊은 곳에 남아 앞으로 사는 동안 불쑥불쑥 나를 찾아오리라는 것을 알고 있다.

*

　회사를 그만둔 뒤 한참 직장을 찾지 못하고 놀 수밖에 없었다. 노동조합 활동을 한 것이 회사에 들어가는 데 유리하기보다는 불리하게 작용하는 게 사실이겠지만, 내 경우는 그보다는 나이에 비해 경력과 능력이 별 볼일 없었기 때문이라고 생각한다. 다른 출판사에서 노동조합 활동을 열심히 하는 후배는 내가 취직해야 자기들도 이직할 수 있다는 희망을 가질 수 있다며 빨리 취직하라고 격려를 담아 채근했지만, 그게 어디 내 맘대로 되는 일인가. 그렇게 지내다 아는 사람의 소개로 사장 혼자서 운영하는 조그만 출판사를 잠깐 다녔고, 그러고 나서 지금 다니고 있는 출판사로 옮겼다.

　여기서는 내가 하고 싶은 책을 기획하고 만들 수 있다. 하지만 나는 내가 과연 편집자에 어울리는 사람인지 의문이 들 때가 많다. 애초부터 출판노동자가 되려 했던 것은 아닌데, 어쩌다 보니 팔자에 없는 편집자 생활을 하는 건 아닌가 의구심이 들 때도 있다.

　게다가 꼼꼼하지 않은 성격에 연차에 비해 책을 많이 내 보지 않았다는 사실이 일종의 열등감으로 작용하면서 내가 과연 이 일을 계속하는 것이 맞는지 스스로 묻게 만든다. 한동안은 일을 제대로 배울 수도 없었고, 책 만드는 일보다는 다른 일에 치어야 했던 첫 직장 탓도 해 봤지만, 그게 변명거리밖에 안 되는 건 누구보다도 내가 잘 안다. 무엇보다도 나는 내가 이 일을 언제까지 할 수 있을지 모르겠다. 주변을 둘러봐도 나이 마흔이 넘어서까지 출판노동자로 사는 편집자는 그리 많지 않은 것 같다. 출판업계의 구조적인 문제가 아니더라도, 내 스스로 이 일이 그리 오래 하고 싶은 일인지에 대해 확신이 없다.

그렇더라도 나는 한동안 출판사를 다니면서 책 만드는 노동을 할 것이다. 월급을 받지 않으면 한 달도 버틸 수 없는 생활인으로서 그렇기도 하고, 일단 시작한 일이니 만큼 어느 정도는 스스로 납득할 수 있는 만큼은 실력도 쌓고 일도 더 잘하고 싶은 마음도 있기 때문이다. 출판노동자로 살아가는 일이 그리 만만치는 않겠지만 그저 뚜벅뚜벅 걸어갈 수밖에. 가다 보면 새로운 길이 나오리라 믿는다. 병역거부자로 살아가다가 출판노동자로 살게 된 것처럼 새로운 길이 예상하지 못한 방향으로 갑자기 열릴 수도 있고, 지금 가는 길이 좀 더 단단한 길이 될 수도 있을 것이다. 아직 나는 걸어가는 중이다.

시간이 싸우는 자의 편이 되기를

장미경
황금가지 편집부

소설을 읽다 보니 되도록 그 주변에 머무르고 싶었다. 소설과 관계 맺던 방식과 마찬가지로 이 일을 대하고 싶었다. 사람을 발견하는 안목도, 관계를 시작하는 예의도 충분한 사람들이 차고 넘칠 것 같았다. 지상의 양식을 만드는 천국 같은 회사에 대한 환상. 그때는 정말 그랬다.

대학에서는 전공으로 광고, PR 같은 걸 배웠다. 갈수록 전공을 외면하는 취업 준비생이었던 나는 별 분간도 없이 그저 좋아하는 일을 업으로 삼고 싶다는 생각만 줄곧 했는데, 당시에도 지금처럼 좋아하는 일이 몇 되지 않았기에 그 일들과 관련한 구직만큼은 소위 말하는 '진정성'으로 돌파하려 했다. 일상에 아무 쓸모도 없을 것 같은 토익 공부를 하느니 그 시간에 책 한 줄 더 읽는 편이 낫다고 생각했고, 같은 이유로 나를 알아봐 줄 사람이 분명 있으리라는 나이브함으로 무장해 있었다. 나는 무언가 다르고, 나 같은 사람이 조직에서 발휘할 수 있는 집요함이 있고, 부족하다면 남다른 노력으로 보상할 수 있다는 근성이 있다는 것. 오직 이 마음만을 알리고 싶어 죽을 것 같았다. 그 방식이 통하지 않는다면 나는 더 이상 시장에서 살아남을 수 없는 인간이었고, 그래서 이 막연함을 어떻게든 호소해 보려고 했던 것 같다.

"정말 재미있어요."

그러다 내가 출판사 입사를 고민하게 된 것은 전적으로 이 한마디 때문이었다. 출판사 직원들과 같이 밥을 먹는 자리였는데, 전라도 남원에서 A 출판사 주최로 황석영 작가와 지리산 둘레길을 걷는 행사에 당첨돼 참여하는 중이었다. 마지막 날 점심 때 출판사 마케팅팀에 이직한 지 얼마 되지 않았다는 분 옆자리에 앉게 됐고, 별로 할 말도 없고 어느 정도는 궁금하기도 해서 그 분께 출판사에서 일하는 게 재미있냐고 대뜸 물어봤다. "정말 재미있어요"라는 말은 그냥 그렇게 듣게 됐다. 진심이었는지 어땠는지는 알 수 없지만, 그 말에는 지금껏 내가 들어보지 못했던 일에 대한 아주 순도 높은 긍정이 있었다. 그렇다고 말하는 사람의 표정과 열기가 그 말을 굳게 지지하고 있었고, 그래서 그곳에서의 일이란 게 정말로 재미있어 보였다. 나도 그런 곳에서 일해 보고 싶었다. 이런 내게 출판사에 입사하게 된 계기가 무엇이냐고 물었을 때 결정적이었다고 말할 수 있는 건 우습지만 아무래도 이것뿐이다. 그때 내게는 내 장래의 범위를 좁혀 줄 확신 같은 것이 필요했고, 그 말을 한 사람의 영향력과는 무관하게 어떤 가능성이 멋대로 나를 자극했기 때문이다. 좋아하는 일로 돈벌이를 할 수 있다는 가능성, 내 깜냥에 맞는 일을 찾을 수도 있을 것 같다는 가능성 등등의 이유였다.

처음부터 그 모든 가능성으로부터 충만하게 빛날 것 같던 시작이었지만, 결코 쉽지만은 않았다. 학교를 어영부영 졸업하고 난 뒤부터는 영화사와 출판사를 합쳐 이력서를 50통이 넘게 썼다. 불안함을 감상으로 덮어 가며 이력서 쓸 곳을 매일같이 찾아 헤맸다. 채용 계획이 없는 출판사에도 마감된 공고를 찾아가며 마구잡이로 원서를 썼고 그렇게 우여곡절, 졸업한 지 3개월 만에 출판사에 첫 취업을 했다. 결국 그렇게 기피하던 전공을 앞세워 마케터로 일하게 된 것이다.

*

"사람이든 일이든 한 번 연을 맺는 것이 어렵고 오래다는 것을 알지만 어떤 것에 한 번 골몰하면 진지하게 그 대상을 탐색하기 위해 노력합니다. 작은 것에 지속적인 의미를 부여하면서도, 전체적인 삶의 모양에 대해서는 대범하게 생각할 줄도 압니다."

지금이라고 크게 다르게 쓸 수 있을 것 같진 않지만, 이런 허무맹랑한 이력서를 쓰는 사람이 회사에서 당장 필요한 인력은 아니었을 것이다. 그야말로 운이 좋게 채용된 것 같았고, 취업이 절실했던 만큼 내 생활 규모를 감당할 수 있다는 게 그저 기쁘고 감사했다. 처음 출근한 날 자기소개를 하면서 했던 첫 인사가 아직도 기억나는데, 여기에 빚진 마음으로 들어왔으니 빚을 갚는다는 마음으로 열심히 하겠다는 말이었다. 이미 나는 헌신할 준비가 돼 있는 사람이었고 제대로 그렇게 굴었다. 사장의 말에 따라 절대 먼저 그만두지 않겠다고 공언도 했다.

그리고 정확히 1년 뒤, 회사를 그만뒀다. 채용 자체부터 계획성이 없었기 때문에 구성원이 들고 날 때마다 달라지는 모호한 업무와 행위자로서의 불확실한 정체성, 물리적으로 혼자 덩그러니 남겨져서 해야 하는 업무에 대한 부담과 외로움이 컸다. 책을 만드는 과정이 중심이 될 수밖에 없는 출판사의 구조와 생산 이후의 과정만을 책임져야 하는 스스로의 업무 속에서 자신감도 많이 떨어졌다. 마케터나 홍보 담당자가 어떤 형태의 글을 쓸 수도 있다는 것이 의외롭게 느껴지는 세계, 세련된 스킬과 엄선된 취향의 세계에서 나는 헌신할 틈도 없이 유난스러운 열등감과 자책으로 점철돼 있었다. 그리고 그때 첫 단추를 끼웠던 이 감정들은 아직도 나를 자신 있게 압도한다.

그렇게 첫 회사를 퇴사하고 난 다음에도 처음 취업할 때만큼 이력서를 썼는데, 마지막으로 여러 번 전형을 거쳤던 영화잡지 객원 기자 최종 면접에서 떨어진 뒤 집에 돌아와 엉엉 울면서 그길로 어떤 일에 대한 마음을 접었다. 그리고 얼마 뒤 민음사 홍보기획부에 비정규직으로 입사했다. 첫 직장을 그만둔 뒤 정확히 4개월 만의 출판사 계약직 재취업이었다.

*

　사람들이 그랬다. 첫 출판사 다음으로 이직한 곳이 민음사여서 경력 관리하기 좋겠다고. 하지만 현실은 달랐다. 내가 일할 자리는 줄곧 비정규직으로 채워져 왔고, 때문에 확실한 고용을 보장받을 수 없는 조건으로 항상 불안하게 존재해 왔다. 고용 형태 전환의 결정권이 있는 부서장에게 무소불위의 권력이 집중된 구조 속에서, 노동의 책임과 고용의 불안은 모두 그 자리에 들어선 구직자에게 돌아갔다. 하물며 그마저도 치열하게 쟁취한 비정규 일자리였다. 내 전임자는 어느 날 갑자기 연락두절 상태로 출근을 하지 않았다고 했다. 전임자가 쓰다 만 물건들, 정리되지 못한 개인 사진이나 디지털 문서들이 혼재된 채 그대로 내게 넘어왔다. 포기하면 그냥 그렇게 남겨지고 넘겨지는 자리였다. 반면 더 이전의 전임자는 일을 남다르게 잘했던 분이었는데, 부서장 마음에 안 든다는 이유만으로 정규직이 되지 못하고 계약 종료라는 간편한 미명 아래 회사를 그만 둬야 했다고 들었다. 그런 현실이 난무하던 자리에서 나는 스스로 잘 규명할 수 없었던 업무인 홍보 일을 다시 시작했다. 업무나 관계에 대한 미숙함으로 인한 문제는 말할 것도 없었다. 첫 회사에서 겪지 못했던 모든 문제들에 직면했다.

민음사에 입사하기 위해 면접 보던 때를 생각하면 지금도 여러 마음이 교차한다. 처음엔 이 자리가 계약직인데도 '어플라이'하겠냐고 묻기에 두말없이 그렇게 하겠다고 했다. 내가 당시에 감내할 수 없었던 건 계약직이라는 사회적 신분이 아니라, 서울에서 자립적인 생활을 할 수 없을지도 모른다는 것에 대한 막연한 불안감이었기 때문이다. 나는 내 몫으로 주어진 1인분의 삶만 당장 책임지면 됐지만, 그마저도 어떤 것을 포기하거나 충분히 감수해야 했다. 월세를 내고 살아가려면 이것도 감지덕지, 체면을 따지려 한다면 선택받을 수 없으리라 생각했다. 입사 시험지를 내주고 걷은 답변지를 보고서는 무식하다는 말도 면전에서 들었다. 면접은 내내 고압적인 분위기로 진행됐고 나는 그대로 휘말렸다. 6년 전 자신이 입사하면서 이 회사에 홍보부라는 조직을 새로 만들었다는 부서장의 자신감과 잔뜩 움츠러든 나의 두 감정만 그 자리에 남아 있었다. 불리함은 비교가 안 됐다. 특히 '이 회사에 입사하는 걸 가문의 영광으로 알라'는 말은 여전히 잊히지 않는 오만함으로 남았는데, 그것이 나의 판단과 상식에 개입하던 어떤 비상식의 시작이었던 것 같다.

　그리고 입사 3개월 후, 나는 정규직으로 전환됐다. 일명 수습 기간이라는 시기를 다 채웠을 무렵, 연말 워크숍 회식을 마치고 집에 돌아가는 길에 부서장으로부터 내일 좋은 소식이 있을 거라는 이야기를 들었다. 당연히 나는 정규직 전환을 기대했고, 예감대로였다. 이튿날, 지금까지와는 달라야 한다는 부서장의 전언과 함께 나는 홍보부 정규직 사원이 됐다. 하루 차이로 신분이 바뀌었다. 그러고 나서야 나는 내가 할 수 없었고 알지 못했던 수많은 것들을 알게 됐다. 책 출고를 올리는 결재 시스템부터 매출일보를 볼 수 있는 프로그램 계정을 부여받고 접속하는 방법, 문화생활비라는 가외급여 등 정규직이 되지 못하면 누군가는 영원히 알지 못하는 것들이 있었다는 것을 처음으로 알게 됐다. 이처럼 내가 계약직으로 입사했다는 것이 어떤 현실이었는지에 대한 인식은 정작 나중에 체험하게 된 것들이 많았다. 그때 처음으로 이 조직의 보이지 않는 선에 대해 알게 됐다. 그 공공연한 비밀의 대상이 나였다는 것도.

*

　2011년 9월부터 2014년 초까지, 홍보부에서 만 2년이 넘게 근무하면서도 홍보라는 일에 자신을 가져 보거나 전적으로 나의 일이라고 체화시켜 생각해 본 적은 단 한 번도 없었다. 오히려 새로운 책을 맡아 홍보 일을 시작할 때마다 능력과 자질에 대한 의심이 커졌고, 이 직업의 영역에서 스스로의 성향과 취향에 열패감마저 느낄 때가 많았다. 홍보라는 일 자체가 내겐 그랬다. '실체가 없는 일을 하는 애매한 사람'. 홍보라는 일은 그 자체가 고정된 업무 영역이 크지 않고 때마다 새로운 일을 자발적으로 하지 않으면 동기부여가 힘든 일이기 때문에, 일이 잘 구성되지 않을 때는 존재의 의미를 찾기가 어려웠다. 항상 그 패턴을 답습했고 업무에 대한 깊은 열망과 증오가 혼재된 감정들에 휩싸여 있었다.

마케팅과는 또 달랐다. 홍보라는 일이 출판업 자체에서 크게 구분되는 업무군도 아니거니와 사내에서 조직의 입지 자체가 투명함에 가까웠다. 물론 출판사마다 협력부서의 구성과 일의 형태가 다르기는 하지만, 마케팅부는 전사적으로도 큰 조직이고 인적 시스템 구축이 잘 돼 있어 편집부의 큰 조력 부서로서 비중 있게 일했다. 게다가 영업자들은 서점이라는 영업 판로가 분명히 존재했고 담당자의 역할도 명확했지만 홍보부는 달랐다. 어떤 개인적 노력이 없으면 책의 출간 전후 과정에서도 소외되기 일쑤였다. 조직력이 부족하다 보니 홍보부는 무슨 일을 하는 거냐는 이야기도 숱하게 들었다. 홍보부라는 부서 자체의 입지나 신뢰도의 문제도 컸겠지만, 행위자로서 뚜렷한 성과를 내거나 자신 있게 업무를 설명하기 힘든 일들도 많았다. 게다가 절대적인 시간을 들여야 하는 일임에도 그 시간은 대개 무가치한 판단을 받았다. 언론 홍보를 담당하는 스타 플레이어 부서장이 아닌 이상 밑바닥에 자잘한 노동을 오롯이 쏟아 부어야 한다. 언론 홍보를 제외한 모든 온라인 홍보, 외부 제휴 업무, SNS 및 각종 커뮤니티와 홈페이지 관리, 독자 응대, 행사 보조 같은 일들이 마구잡이로 주어진다. 그것이 남은 자들의 일상이고 생업이 된다.

한번은 외부 강연에 일하러 나갔는데 나를 가리키며 홍보부는 왜 나왔냐고 하던 사장의 이야기를 다른 동료에게 전해 들은 적이 있었다. 한마디로 야근비가 아깝다는 것이었다. 그렇게 2시간의 밥값을 하기 위해 사진도 찍고 SNS 현장 중계도 하고 강연 내용을 수기하거나 녹취해서 이튿날이면 어김없이 정리해 카페나 홈페이지에 올린다. 그 일들을 혼자 감당하고 스스로도 당연하게 여긴다. 홍보부가 책을 파는 것도 아니고 저자를 관리하는 것도 아닌데 왜 나왔냐는 말에 스스로 해명하기 위해 밥값을 하는 것이다. 남들에겐 별 쓸모없는 역할로 판단되는 동안 나는 오롯한 시간과 내 노동을 들인다. 나는 그렇게 2년 동안 애매하고 치열하게 밥값을 했다.

나중엔 부서의 몸집이 커지면서 소위 A급이라고 하는 작품들을 담당하는 사람들이 따로 생겨났고 그들과의 정보 공유는 일절 이루어지지 않았다. 나에게는 주로 누군가는 해야 하지만 그 일을 지시하는 사람들에게는 중요하지 않은 일들이 주어졌고, 그 일들을 스스로 기쁘게 하는 것만이 이곳에서 일할 수 있는 유일한 명분이자 당위가 됐다. 홍보부에서 밥벌이를 하고 있었지만 나는 항상 홍보부를 버리고 싶었다.

*

홍보부에서 일하는 동안에는 항상 불안함이 내 발목을 붙잡았다. 업무 태도는 물론 나의 외모, 옷차림, 평판, 자신감 그 모든 것이 문제가 됐다. 그리고 이 모든 문제는 내 자립을 위협하는 근거가 돼 다가왔다. 운동화를 자주 신는 것도, 화장기 없이 다니는 것도, 몸매가 통통한 것도, 매번 활발한 성격이 못 되는 것도, 사내의 누군가에게 '알바 같다'는 평판을 어쩌다 듣는 것도 다 지적의 대상이 됐다. 부서장은 본인 밑에 있는 사람이 그런 소리를 듣는 건 참을 수 없다고 했다. 일에 대해 만족하지 못하는 성향과 나의 패배적 감정들을 잘 활용한 것 역시 부서장이었다. 업무와는 일체 상관없는 부서장의 일상적인 언어폭력과 인신공격은 밀폐된 공간에서 은밀하게, 자주 이루어졌다. 도무지 때를 알 수 없도록 불러 다녔다. 한사람씩 집중적으로 순환되는 폭력이 일상이었고, 선배들도 같은 과정을 숱하게 거쳤다. 동료애만으론 결코 구제될 수 없는 비극의 구조가 거기 있었다. 만약 업무를 알아서 곧잘 하거나 타부서와 관계 맺음이 원활하면 이번엔 업무 태도가 문제가 됐다. 윗사람 제끼고 일한다는 식의 업무 태도를 이유로 들어 중간관리자, 부서장을 통한 부당한 지적이 여러 번 반복됐고 한 번은 '최후통첩'이라는 말까지 들었다. 지각으로 인한 근태로도 해고 위협을 받았다. 홍보부는 자진 퇴사가 아니면 계약 종료라는 빛 좋은 해고로 퇴직 양태가 명백했기에, 그만둘 준비도 돼 있지 않고 그만둘 마음도 없는 상황에서도 나는 항상 해고를 생각해야만 했다. 그럼에도 온몸이 떨리는 부당함에 맞서 내가 그만둘 수 있는 조건이란 건 아무것도 없었다. 내 선택을 책임지지 않으면 이 세계에서 망하는 건 나뿐이었기에 신중해지려 필사적으로 매달렸고, 또 한편으로는 홍보 일에 자신을 가져 본 적이 없으면서도 좋아해 본 적은 있었기 때문에 간편하게 포기하는 게 어려웠다. 이 일에 대해 완전히 질려 버리기 전까진 그만둔다고 쉽게 판단할 수 없었다.

홍보부를 나오기 전까지 만 2년 동안 부서장과 했던 연봉 협상은 단 한 번이었다. 며칠을 공들여 정리한 업무 평가서와 제안서는 단 한 줄도 읽히지 못하고 눈앞에서 외면당했다. 누구 하나 일 열심히 안 하는 사람이 없으니 이런 문서는 중요하지 않다고 했다. 중요한 건 오로지 태도라는 빌미 하나였다. 어떤 결과적 추론인지 알 순 없었지만 부서장은 내 태도가 너무너무 안 좋다고 했고, 태도가 안 좋으니 연봉을 올려 줄 수 없다고 했다. 그것이 요지고 결론이었다. 그 통보를 받기 위해 내가 지지리도 못났고 폐쇄적이고 문제가 있는 사람이라는 말로 2시간이 넘도록 그 자리에 억류당해 있어야 했다. 그동안에도

'이러다 잘리는 건 순식간이다'라는 생각을 내내 해 왔지만, 바로 그날 내 고용 안정을 위협하는 실체를 구체적인 언어로 확인했던 것이다. 사람 하나 자르는 게 너무 쉬워 보였다. 어떻게든 말만 잘하면 낙인 하나 찍고 내보내는 게 가능했기에 자신의 권력을 완전히 확신하고 있었다. 이 세계에선 왜 이런 것이 가능할까. 그저 분해서 눈물이 났다. 내가 우니까 서럽냐고 했다. 나는 그 현실이 너무 서러웠다.

문제는 나뿐만 아니라 이런 구조가 홍보부에 항상 고착돼 있었다는 점이다. 폭력은 잘 드러나지 않았고, 안다 해도 엮이고 싶은 사람은 없었을 것이다. 자신이 속해 있던 다른 부서를 두고 누군가는 무덤, 누군가는 섬이라고 표현했는데 자조만으로 바뀌는 것은 아무것도 없었다. 홍보부는 그런 무심함의 역사와 관습에 철저하게 기생해 온 조직이었다. 예전에 누군가 부서장의 부당 노동 행위를 고발하는 무기명 투서를 쓴 적이 있다고 했지만 결국 바뀌는 건 항상 매일이 마지막인 것처럼 버티던 사람들이었다. 이러한 누군가의 노력들은 가련한 에피소드로 남아 몇몇에게만 전해진다. 내가 여기서 견디다 못해 이직을 한들, 달라지는 건 아무것도 없을 것 같았다. 차라리 정말로 해고를 당했으면 좋겠다고 여러 번 생각했다. 지독한 이 사장의 비리사학을 4년 동안 다니면서도 누군가에게 제대로 저항해 본 적 없는 내 삶에서, 상식으로 무언가에 맞서 보겠다고 결심한 건 이때가 처음이었다.

*

　이 구조가, 이 폭력이 부당하다는 걸 나도 처음부터 알진 못했다. 그걸 몰랐으니까 전부 내 문제고 내 잘못이라 여겼을 테고, 뜬금없이 상담실에 갈 생각부터 했을 것이다. 어느 순간부터는 자기비하도 굉장히 심해졌는데, 처음 간 심리상담실에서 상사의 그런 부당해 보이는 태도 지적들도 결국 인생에 도움이 된다는 이야기를 듣고부터는 상담에 의지하는 일을 그만뒀다. 그러다 눈길을 돌리기 시작한 곳은 바깥이었다. 우연히 소식을 접해 알게 된 전국언론노동조합 서울경기지역 출판분회(현 전국언론노동조합 서울경기지역 출판지부) 정기모임에 나가게 됐고, 그 자리에서 내 소속을 밝히고 어떤 경로로 이자리까지 나오게 됐는지를 소개했다. 간단했다. 자르면 자르는 대로 잘려 나가지 않기 위해 같은 문제를 고민하는 사람들을 만나고 싶었고 2013년 1월, 전국언론노동조합 서울경기지역 출판분회에 개인 분회원 자격으로 가입신청을 했다. 그리고 신청서를 보낸 직후 당시 분회장을 맡고 있던 분께 '노동조합 활동은 그 안에서 바리케이드를 치고 우리끼리의 해방구를 만드는 일이 아니라, 들어가면 안 된다고 돼 있는 덤불숲과 개울을 조용히 가로질러 걸어가는 일'일 거라는 답장을 받았다. 부당함 역시 세상을 살아가는 데 도움이 된다는 거시적인 허무맹랑함이나 악에 가까운 냉소 대신, 이 말들은 그 어떤 것보다 내게 명징한 것을 제시했다. 정말로 좀 안심이 됐다. 누군가에게는 간편하게 '외부 세력'이라 불리겠지만, 사내에서 외면당하고 내몰린 약자에게 기댈 수 있는 곳이 과연 어디에 있을까를 자주 생각한다. 자신의 사업장뿐 아니라 동종 업계에서 일어난 일에 대해 눈감지 않고 기꺼이 연대할 의지가 있는 사람들이 모인 어떤 모임, 만남, 공동체를 꾸려 나가는 의지를 나는 바깥에서 처음으로 발견했고, 그 언어가 무엇이든 내게는 중요한 대안이자 절실한 삶의 방식이 됐다. 누군가 입버릇처럼 말하던 '대편집자' 같은 소수의 엘리트 언어가 아니라, 아무런 연고 없는 내게도 기꺼이 손을 내밀어 준 공동의 언어야말로 나에게 꼭 필요한 것이었다고 지금도 생각한다.

*

2014년 초, 회사에는 온갖 소문이 무성했다. 회사 실적이 악화돼 대규모 구조조정이 있을 거라고 했고 살생부처럼 해고 대상자의 이름이 오르내렸다. 하루가 다르게 해고 통보를 받았다는 사람들이 속출했다. 방식은 치졸했지만 계획적으로 주도된 무엇이 있었다. 근속연수가 많은 사람들의 업무 효율을 따지거나, 판단 근거가 부족하면 신입사원부터 쳐 내는 식이었다. 근거는 부실했고 절차는 엉망이었으며 동료들은 매일같이 고용불안에 시달렸다. 이런 상황에서 어떻게 좋은 책을 만들 수 있냐고 모두가 반문했다. 책의 가치와 노동에 대한 뿌리 깊은 회의감이 퍼졌다.

　아마 예상 가능했을 것이다. 이렇게 쉬쉬하며 입소문에 의지해 일 대 일로 해고를 감행하면 당사자들은 군말 없이 그만둘 수밖에 없으리라고 확신마저 했을 것이다. 민음사 해고 사태는 회사에 정식으로 입사한 지 1년도 채 안 됐던 한 해고 당사자의 글이 기폭제가 돼 문제의식과 상황이 폭발적으로 외부로 공유됐다. 그렇지 않았다면 이 사태 역시 누군가의 예상 가능한 범위에서 적절히 마무리됐을 것이다. 아직도 나는 "해고의 적법성도 문제지만 무엇보다도 나는 이 회사가 '사람에 대한' 실수를 범하는 것에 몹시 화가 난다"던 말을 기억한다. 그리고 이 해고 사태를 기점으로 같은 문제의식을 공유하던 사람들을 많이 만날 수 있었던 건 분명 큰 행운이었다. 지난 3년 내내 고용 불안에 시달려 왔던 나도 이런 일을 방지할 수 있는 방법을 간절히 찾고 싶었다.

　하지만 결국 해고 대상자가 됐던 사람들 중 몇몇은 비교적 최근까지에 걸쳐 회사를 떠났다. 해고 예고를 철회하고도 결국 자르고 싶었던 사람 일부는 자른 셈이 됐고, 대개는 다시 강도 높은 업무 속에서 여유를 찾기가 힘들어졌다. 같은 이유로 회사를 떠나게 됐던 동료의 문제가 불시에 닥쳤을 때는, 여전히 가능한 일이 아무것도 없다는 절망감이 컸다.

*

지금 나는 좋은 기회로 소속을 옮겨 다른 부서에서 일하고 있다. 새롭게 주어지는 일들 속에서 처음으로 장래를 그리며 일하고 있고, 내 노동이 비교적 건강하게 대접받고 있다는 느낌도 든다. 그리고 무엇보다 다시 선택한 이상, 이 자리가 불우하게 남겨지거나 누군가에게 이해받지 못한 채 떠넘겨지지 않기 위해 기꺼이 버티고 있다. 여기서 내가 할 수 있는 일을 더 찾고 싶고, 구성원으로서 좋은 동료들과 오래 일하고 싶다는 생각도 한다.

어딜 가서 내 소개를 해야 할 때가 오면 나는 의식적으로 출판노동자라고 말한다. 출판이라는 업에 대해 이해하고 있는 것은 거의 없지만 임금생활자로서 출판사에서 일을 하고 있는 이상 노동의 가치와 스스로를 분리시켜 설명할 수 없기 때문이다. 모든 부당함에 처해 있을 때, 내 자리를 솔직하고 명료하게 바라볼 수 있게 해 준 것은 이런 언어의 규명에서부터 시작됐다고 생각한다. 누군가 우리에게 꼭 필요한 언어가 무엇이냐고 물었을 때, 가릴 것도 더할 것도 없이 자신 있게 대답할 수 있는 그날을 위해 나는 계속 시간과 싸우고 싶다. 같은 공간에서 일하는 사람들이 서로의 고용과 처지에 대해 무감해지지 않고, 얽은 덤불숲과 개울을 지나며 그렇게 많은 시간을 함께 견딜 수 있기를. 그 너머에 닿을 수 있는 우리의 언어를 찾을 때까지 말이다.

우리는 그저 종이밥 먹는 사람일 뿐이다

정우진
프리랜서 편집자

아무리 많이 자도 찡얼대는 아이를 깨우고, 아무리 늦어도 꼭
꼭 아침밥을 달라는 아이에게 밥을 먹이고, 가끔은 '응가'로 10
여 분을 잡아먹고, '치카'와 세수를 한 뒤, 부쩍 늘어난 옷 욕심
과의 사투 끝에 어렵사리 코디를 마치고, 걸어서 20분 거리의
어린이집에 룰루랄라 등원한다. 그리고 집에 돌아오면 대략 1
시간 30분 가량 지나 있다. 비가 부슬부슬 오는 오늘 같은 날
이나 교정 마감이 간당간당한 날에는 함께 사는 사람이나 이
웃이 차로 아이를 등원시켜 주면 좋겠다는 꾀가 난다. 허나 손
을 잡고 노래 부르며, 걸어가면서 이런저런 이야기를 나누고
돌아설 때 창가에 얼굴을 대고는 "아빠, 안녕!" 하는 소리를 들
으면, 역시 함께 등원하기를 잘했다는 생각이 들어 절로 웃음

이 입가에 머문다. 그러고는 다시 교정지를 잡고 아등바등하는 일상, 어느새 10개월이 됐다. 이런 나를 보며, 육아 휴직을 하고 있는 어린이집의 어느 엄마는 "좋겠다. 회사를 그만두고도 일할 수 있어서"라고 한다.

그럴 때마다 떠오르는 선배가 한 사람 있다. 멋진 아빠, 품 넓은 선배, 애인 같은 남편의 모습으로 지난 17년 동안 늘 내 본보기가 돼 온 사람. 그렇게 모든 면에서 따르고 싶은 선배이지만, 묘하게 어느 한 대목에만 접어들면 투닥투닥하게 된다. 왜일까?

*

세상은 낭만과 정의로 돌파해야 할 것이라 생각하며 무서울 것이 없는 스물일곱 청년이었던 내가 처음 B 출판사의 월간지 기자로 들어갔을 때 그는 서른 중반의 무게감(?) 있는 고참 기자였다. 늘 너털웃음으로 선후배를 아우르며 가끔은 서정시 같은 기사로 교사와 교육에 대한 애정을 고스란히 적어 내려가고, 낮에도 밤에도 새벽에도 술 고파하던 후배가 바짓가랑이를 잡으면 싫다는 내색 없이 시간을 내주던 그였다. 그런 그는 교사인 아내가 일찍 출근해야 했기에 아침이면 예쁜 두 아이 밥을 먹이고(가끔은 불같이 화를 내고 와서는 후회하기도 하고) 출근해 자리를 지켰다.

아이 어린이집 보내는 걸로도 정신이 없어 허둥대는 요즘, 새삼 그때 선배가 얼마나 대단했는지 놀라움과 존경이 불쑥불쑥 튀어나온다. 서울과 그리 멀지 않은 광명에서 홀로 일하고 있는 지난해에는 그런 선배를 세월호 집회 때 얼굴 한 번 봤을 뿐이고, 내가 유난히도 바빴던 지난 2년여 동안에는 1년에 서너 번밖에 못 봤던 것 같다. 그래도 가끔 만나 한잔 걸칠 때면, '그 새벽의 라면' 이야기를 꺼낸다. 얼른 집에 가서 쉬고 아침 준비해야 하는 마음이 굴뚝같았을 텐데, 여전히 청춘이고 연애 중이라는 형수님과 알콩달콩 이야기 나누고 싶었을 텐데, 새까맣게 어린 후배는 끝까지 해장 라면 한 그릇에 한잔만 더 하자며 온갖 고민과 투정과 푸념을 다 쏟아 냈다. 결국 너털웃음을 지으며 다 들어 주었던 그는 참 좋은 선배이자, 멋진 기자였고, 무엇보다 멋진 남편이고 아빠다.

20여 년 가까이 사회생활을 하면서 그리 많은 회사를 다니지는 않았다. 출판사 두 곳에서 15년 가까이 일했고, 각각의 출판사를 그만둘 때도 지금도 그 두 곳에 불만이 있지는 않다. 물론 각각 회사를 그만두겠다는 마음을 어렵사리 전하면서 밝힌 변은 조금씩 다르지만, 헤아려 보면 그만둔 이유는 하나였던 듯하다.

'내 생각대로 살고 싶다'. 사실 이런 마음은 회사원이라면 누구나 갖고 있다. 아니, 자기 마음대로 치마를 골라 입고 싶은 우리 꼬맹이 아가씨도, 문제집 대신 게임 혹은 연애를 하고 싶

112

은 청소년도, 남들 다 가는 대학 대신 일찌감치 사회생활을 하고 싶은 청춘도, 계속 밀리고 밀리는 해외여행 계획이나 여가를 앞당기지 못하는 중년도 다 그러하다. 하지만 누구도 쉽게 실행에 옮기지는 못한다.

나 역시 그러했다. 충분히 자야 한다는 아이의 유년기 잠을 잠시 미루게 하고, 엄마 아빠도 밥벌이 하려면 어쩔 수 없다며 어린이집에 보내기 위해 아침 7시에 아이를 깨워야 했던 맞벌이 생활. 그 생활이 과연 '어쩔 수 없는' 것이었는지 의문이 들기 전까지는 말이다. 하지만 조금만 덜 벌고 덜 쓰면 한번 해볼 만한 일이었다. 분명 쉽지는 않지만 지금껏 버텨 오고 있고 앞으로도 그러고 싶다. 물론 물리적으로 힘든 부분이 없지 않지만, 아침마다 아이의 웃는 얼굴을 보고, 정성껏 차린 저녁을 맛나게 먹어 주는 아내와 아이의 쩝쩝 소리를 듣는 것만으로도 다 보상되고도 남는다.

그런데 내 생각대로 사는 삶에 필요한 건 하나가 더 있었다. 바로 출판에 대한 욕심을 버리는 일이다. 흔히 문화예술이라 불리는 일을 하는 이들은 이 부분에서 많은 갈등을 하지 않을까 싶다. 좋은 책을 만들고 있다거나 만들겠다는 자부심과 내가 직접 보고 싶은 저자와 읽고 싶은 책을 만들고 싶다는 소박한 욕심. 문화예술 생산자와 수용자 사이에 낄 수밖에 없는 그 모호한 마음 말이다. 어쩌면 그 선배와 나 모두 그러한 마음에서 자유롭지 못했던 건 아닐까. 그와 내가 투닥투닥하던 대목은 이쯤에서 맞닿는다.

두 번째로 다니던 출판사에서 몇 년 동안 제대로 책 한 권을 만들어 내지 못했다. 수많은 아이디어와 기획안을 냈지만 저자 계약 혹은 원고로 결과물이 나오지 않는 이상, 그것은 의미가 없다. 결국 나도, 나를 믿었던 윗분도 지쳐 갔다. 그 부분은 당시도 지금도 변명의 여지가 없다. 여하튼 합의 아래 회사를 그만두었다. 마침 이러저러한 이유로 평택에 내려가 살던 터라 마포구와 파주의 일에는 무심한 채 간간히 생기는 외주 편집 일로 살 수 있었다. 그 시간 동안 이유를 알 수 없었던 망막 손상도 자연 치료되고, 동네 친구도 사귀고, 원 없이 책과 영화를 보고 리뷰를 쓰며 행복했다.

그리고 아이가 생겼다. 7년간 마음의 결정을 내리지 못했는데 어느 순간 자연스레 두 사람 마음이 모아졌고 다행히 아이도 순탄하게 우리를 찾아 주었다. 결국, 고정 급여가 필요하다는 이유로 직장을 찾다 다시 직전의 출판사로 나가 일하게 됐다. 1년을 채 넘기지 못한 복귀였다. 무궁화호를 타고 평택에서 서울로 출퇴근을 하던 그때, 나는 당황스러운 상황을 맞게 됐다. B 출판사에서 노사 갈등이 본격화돼 대표이사 퇴진과 노동조합원 집단 사직서 제출로까지 사태가 치닫게 된 것이다. 사실 노사 양측과 다 잘 아는 처지였기에 그전에도 드문드문 이야기를 듣고 있었으니 새롭지는 않았지만, 본격적으로 다시 서울에서 직장 생활을 하게 되면서 관련한 내용을 더 많이 접하게 됐다.

그때 나는 누구 편도 아니었지만, 결론적으로는 노동조합 편을 들지 않는 쪽에 섰다. 그 멋진 선배는 관리자 쪽이었지만 노동조합 편에 섰다. 그런 그에게 나는 모진 소리를 많이 했다. 양쪽을 잘 아는 나로서는 둘 다 마음이 쓰였지만, 7년여 동안 애정으로 몸담았던 곳이 파국으로 스러지는 모습을 보고 싶지는 않았다. 아니, 사 측에서 제시한 개혁안 혹은 대안 등은 이미 그와 내가 몇 년 동안 혁신 테스크포스팀을 하면서 매년 제시한 안에도 늘 있던 내용이었기에, 난 오히려 문제는 일하는 사람에게, 특히 늘 약자 편에 서는 오지랖 넓은 그의 품에 있다고 보았다. 그 선배 정도의 자리에 있으면, 어느 한쪽을 괴물로 만들지 말고 회사의 정상화를 위해 잘 중재해야 하지 않나 하는 아쉬움이 너무 컸다. 그런데 그는 요지부동이었다. 너무 사람이 좋아 탈이라는 생각이 들었다. 한편, 그럴 시간에 책이나 더 잘 만들어야 하는 게 아니냐는 생각도 컸다. 그 역시 비슷한 마음이었을 수도 있다. 나와는 다른 방식이지만, 좋은 사람들과 예전처럼 즐겁게 책을 만들고 싶은 마음이었다. 사실 그때도 지금도 그곳은 복지만 따지면 여느 출판사에 비해 뒤지지 않는다. 그런데 그곳은 왜, 왜 그렇게 힘들었을까?

2005년쯤으로 좀 더 돌아가 본다. B 출판사를 그만두기 직전, 당시 내가 사 측에 밝힌 사직 이유는 좀 더 가볍게 내가 만들고 싶은 책을 내고 싶다는 것이었다. 이미 커질 대로 커진 조직의 구도 속에서는 이루기 쉽지 않은 목표였다. 흔한 말로 회사가 조금 더 성장한 후에, 여유가 생긴 후에 해 볼 수 있는 일이었다. 그걸 모르지 않았기에, 더 이상 버티기 힘들다고 했다. 여러 번 설득한 끝에 회사를 나왔다. 그리 나쁘지 않은 이별이었다.

그런데 회사에 밝히지 않은 솔직한 이유 중 하나는 위와 아래 사이에서 중재하면서 이야기를 듣고 나누는 데 지쳤다는 것이었다. 공식적인 회의, 사적인 술자리, 365일 내내 회사 사람들 이야기 속에서 나는 점점 시들어 가는 상태였다. 그렇게 복잡하게 일을 처리해야 했을까? 그 규모의 회사에 그러한 수많은 제도가 필요했을까? 그 모든 게 좋은 책을 만들기 위한 고민이었을까? 다른 건 모르겠지만, 한 가지만큼은 명확히 말할 수 있다. 모두가 하나 돼 자기도 모르는 사이에 각자 출판에 대한 욕심, 허영을 품고 있었다.

더 거슬러 올라가 본다. 2002년 만우절, 《신경림의 시인을 찾아서》가 〈느낌표〉라는 공중파 프로그램의 선정도서가 됐다는 소식을 들었다. 아무도 믿지 않았지만 사실이었고, 그 뒤 매출은 몇 배로 뛰었다. 그리고 금세 회사의 규모는 두 배 이상이 됐다. 어쩌면 모든 문제의 시작은 여기가 아니었을까 하는 생각이 든다. 그때 양적 확대를 포기하고 내적 심화를 꾀했다면 어떤 일이 벌어졌을까? 최소한의 배고픔만 해결하고 다른 식으로 투자를 했으면 어땠을까? 사실 이는 B 출판사만의 문제는 아니다. 당시 그 프로그램의 선정도서를 출간하여 '대박' 난 출판사들은 이후 대부분 적든 크든 힘든 시기를 거쳤다. 그리고 묘하게도 그 출판사들 대부분이 나름 괜찮은 책을 만들던, 의식 있는 출판사였다. 결론적으로, 누구도 확장의 욕심 앞에서 자유롭지 못했고, 익숙하지 않은 규모의 팽창에 흔들거릴 수밖에 없었던 셈이다. 그에 반해 규모가 그전부터 작지 않은 출판사들은 그 선정과 무관하게 별 탈 없이 잘 지내고 있다.

이제 거꾸로 10여 년을 되돌아본다. 최근 몇 년 사이, 노사 문제로 사회면을 장식한 출판사가 많았다. 그런데 묘하게도 그 출판사들 역시 사회적으로 의미 있는 책을 낸다고 평을 받는 곳들이었다. 그 출판사들의 사 측에서 그런 행태를 보일 수밖에 없었던 가장 큰 이유는, 전후 사정은 다를지 모르지만 결국 〈느낌표〉 선정도서의 출판사들이 겪었던 일련의 혼란과 그 맥이 닿아 있으리라 생각한다. 출판이라는 문화예술 산업에 대한 허영과 실질적인 경영 사이의 괴리. 결국, 그 출판사들 대부분의 노사 문제는 그 괴리를 인정하지 않거나 위장해서 터진 문제였을 테다. 대부분 처음 사건보다는 그 대응 방식이 더 큰 문제였다. 말도 안 되는 현학적 변명을 나열한 뒤 결국은 사원과 노동조합원의 근무 태도를 지적하는, 뻔하고 역겨운 인문주의자를 자처하는 이들의 성명서와 대응 방식 말이다. 그것은 어쩌면 그들의 진심이었을지도 모른다. 자본주의적 성장을 하면서도 인문의 옷을 입은 채 그 품위를 유지하고픈 그 속물적 허영 말이다. 그런데 책에 대한 그러한 마음은 스스로에게 잘 인지되지도 인정되지도 않는다. 그리고 그 허영은 책 만드는 사람 모두에게 있을지도 모른다.

몇 년 전까지 있던 사무실 근처에는 출판학교가 있다. 그 앞에는 카페가 있고, 거기에는 늘 노트북을 켜 놓고 일을 하는 사람들이 수두룩했다. 물론 이런 풍경은 그 카페에만 해당하지 않는다. 마포구의 근사한 카페 어디를 돌아봐도 그와 비슷한 그림을 볼 수 있다. 어떤 때에는 일렬로 놓인 탁자 위에 일률적으로 노트북을 펴고 일하는 모습에, 그곳이 어느 회사인지 카페인지 착각이 들 정도여서 화들짝 놀라기도 했다. 그런 학교를 졸업한 친구와 일해 보기도 했고, 그런 친구들을 많이 보기도 했다. 하나같이 종이밥 먹는 이 동네를 결국 그저 종이 속 아름다운 풍경으로 보고 있었다. 그러던 사이에 SNS를 통해 '출판사 옆 대나무' 사건이 터지기도 했다. 답답했다. 물론 그들의 열악한 노동 환경은 사실이다. 그러나 불만을 토해 내는 그 이면에, 여느 출판사 사옥처럼 올라가고 있는 출판업에 대한 그 환상이 불편했다.

출판계의 노동 조건에서 가장 큰 문제가 되는 게 야근일까? 야근이라면 단순히 출판만의 문제가 아님을 누구보다 편집자가 더 잘 알 테다. 그렇다면 감정 노동은? 좀 심하기는 하다. 저자 모시는 일은? 쉽지 않기는 하다. 오죽하면 한편에서는 편집자 업종을 '서비스업'이라고 할까. 하지만 출판계에 편집자만 있는 건 아니다. 밤을 새는 디자이너, 외주 작업자, 악다구니하는 제작자, 말도 안 되는 거래처와 밤늦게까지 술 마셔야 하는 영업자, 어떤 말도 듣기 힘든 인쇄 노동자……, 참 많다. 그런데 유독 말 많은 편집자 이야기만 들린다. 솔직히 마음 아프다. 어쩌면 그들은 편집자 혼자 책을 만들고 있다고 생각하는 건 아닐까? 혹은 편집자와 저자? 좀 더 마음 쓰면 편집자와 디자이너까지? 이 모든 환상이 잘못된 것일 수도 있다. 허나 편집자들이 책에 대해, 출판에 대해 허영을 가지고 있지 않다고 쉽게 말할 수 있을까?

조금 더 솔직해지면 어떨까? 어떤 편집자는 교정 교열을 하고, 어떤 편집자는 뜬금없는 기획을 하고, 또 다른 편집자는 저자 비위를 맞추고, 어떤 디자이너는 말도 안 되는 요구를 하는 편집자나 작가와 씨름을 하고, 어떤 출판 에이전시 직원은 해외 저작권사와 계약을 맺기 위해 좀 뻥을 치고 있고, 어떤 제작자는 인쇄소와 어떤 영업자는 서점과 쇼부를 치고 있다고, 그렇게 해서 책이 나오고 있다고. 책, 뭐 그리 대단한가?

다시 1년여 전으로 돌아가 보자. 당시 나는 3년 가까이 매해 5권씩 책을 만들 수 있어서 참으로 행복했다. 물론 기획, 청탁, 교정 교열, 후반 작업 등을 혼자 하는 책임 편집 제도라 만만치 않았다. 아이가 왕성하게 보채며 커 가던 때여서 도대체 어찌해야 할지 몰라 끙끙대기도 했다. 결국, 9시에 아이를 재우고 함께 잔 뒤 새벽에 일하는 묘수로 잘 돌파할 수 있었지만,

사상 최대의 출판계 불황이 몇 년을 거듭하던 때였다. 늘 연초에 세워 놓는 무리한 출간 계획은 세월이 좋을 때면 잘도 타협이 되지만, 불황이 거듭되면 더 무리하게 짜였고 타협의 여지는 거의 없다시피 줄었다. 어쨌든 그러한 문제는 어떻게든 타개할 수 있는 수준의 난관이었다.

하지만 결정적인 문제가 하나 있었다. 난 그때 무슨 책을 만들어야 할지 잘 몰라 갑갑했다. 물질적으로 조금은 부족하더라도 아이와 함께 행복하게 지내고 싶다는 이유와 더불어 내가 '회사'라는 걸 그만둔 또 하나의 결정적 이유였다. 지금도 그 사정은 다르지 않다. 그렇다고 세상에 좋은 책이 없는 건 아니다. 읽어 보고 싶은 책은 온라인 서점 보관함에도, 우리 집 책꽂이에도 여전히 많다. 그런데 그 좋은 책이 나오는 모양새와 의도는 뭔가 의뭉스러웠다. 내가 만드는 책이 나쁘지 않다는 자신감은 있었지만, 책은 잘 팔리지 않았다. 물론 그들도 나도 모두 성심껏 만들었다. 그저 파는 방법이 좀 달랐을 뿐이다. 결론적으로 난 저자와 번역자에게 미안했다. 그래도 난 저자와 번역자와 함께 최선을 다했다는, 그들도 그렇게 생각하리라는 자기 위안으로 그 시간을 견뎌 왔다. 또한 회사와 출판의 방향이 조금씩 엇갈리기도 했다. 워낙 안 좋은 경기 속에서 편집과 영업의 방향은 달라질 가능성이 크다. 솔직히 그 지점에서 고민이 없었던 것도 아니다. 이런 고민을 할 때 반드시 듣게 되는 이야기가 있다. 1인 출판을 해 보라!

*

흔히 1인 출판을 시작하는, 하려는 이들이 많이 하는 이야기가 욕심내지 않고 먹고살 만큼만, 내고 싶은 책만 느리게 조금씩 내겠다는 것이다. 그런 이야기를 들을 때면 늘 말렸다. 결코 쉽지 않기 때문이다. 먹고살 만큼 이익을 내기도 쉽지 않고, 몇 종이 터졌을 때 평심을 유지하는 경우를 거의 보지 못했다. 하지만 누구도 그 이야기를 듣지 않는다. 자기는 욕심내지 않을 자신이 있다고 한다.

못된 사장은 분명히 있다. 욕심 많은 사장도 분명 있다. 한편, 출판을 너무 환상으로 보는 이도 많다. 허영으로 책을 만들고 있는 사장도 편집자도 많다. 번역료는 턱없이 낮고, 외주 편집비는 원고 분량에 따라 다르긴 하지만 1~2개월 빡빡하게 3교를 봐야 100만 원 정도 나올까 말까 하고, 로열티는 왜 갈수록 그리 높아지는지 도저히 알 수 없다. 그저 정직하게 하루 밥벌이로 대우해 주지 않는 구조다. 그 복잡다단한 구조 속에서도 분명 좋은 책은 꾸준히 나올 것이다. 그런 책이 적은 게 문제가 아니다. 다만 그런 책이 어떤 사람에게서, 어떤 생각으로, 어떤 과정을 거쳐 나오는지 모르는 사람이 많을 뿐이다. 물론 출판계만의 문제는 아니다. 사람이 하고 있는 일에 각각 깃든 꿈과 환상은 존중받아야 마땅하지만, 그 영역 자체가 신성화되는 모습은 불편하다. 모두가 존중받아야 하는 만큼, 모두가 솔직해졌으면 한다.

B 출판사의 노사가 대립할 때 노동조합 편을 들지 못했던 것을 후회하지는 않는다. 그보다는 적극적으로 사 측을 설득하지 못한 것이 더 후회된다. 아니, 조금 더 시계를 돌려서 내가 B 출판사에 있었을 때, 선배와 함께 날마다 술잔을 나누면서 고민했을 때, 그저 고민에 그칠 것이 아니라 더 적극적으로 회사의 양적 성장을 막지 못했던 것이 후회된다. 우리가 책과 잡지에 가졌던 허영과 자만을 뒤로 물리고, 당시 함께 일하던 사람끼리 더욱더 돈독하게 삶을 나누는 방식으로 논의를 이끌지 못한 것을 후회한다.

지금 그 선배는 교육협동조합의 틀 안에서 출판을 하고 있다. 더 넓게는 교육 일을 하고 있다. 협동조합이라는 형태로 말이다. 노사 문제의 대안으로 삼은 그 틀이 진정 잘됐으면 좋겠다. 그리고 중요한 시도라고 본다. 하지만 여전히 난 의심의 눈초리를 거두지 않겠다고 늘 그에게 이야기한다. '교육' 협동조합은 의미가 크지만, 출판에는 여전히 낭만이, 허영이, 자만이 너무 많기 때문이다. 그럼에도 난 그에게 많은 기대를 품고 있다. 그는 좋은 선배이고, 아빠이고, 남편이기 때문이다. 그걸 알기에 그는 출판이 낭만이라는 걸, 허영이라는 걸 몸으로 알 수도 있으리라고 기대하기 때문이다.

우리는 그저 종이밥 먹는 사람들일 뿐이다. 너무 큰 뜻을 두지 말자.

자판기 뒤에 사람 있어요

정유민
웅진지식하우스 편집자

사람이 돼 간다는 건 정말 쉽지 않은 일이다.

누가 누구를 판단하고, 평가하고, 비난하고, 무시하고, 그러면서 상대적인 만족감에 기쁨을 얻고 헤헤거리는 꼬락서니를 보면서 산신령처럼 허허거리는 것도 정말 못할 짓이다. 인생의 롤모델을 다른 방향으로 돌려보자면, '꼭 저 사람처럼 살아야겠다'가 아니라 '꼭 저 사람처럼 살지는 말아야겠다' 정도가 되겠다. 네거티브한 롤모델은 그 자체로 나름 훌륭하지만, 네거티브 롤모델이 천지에 널려 있다 보면 '저건 아니다'만 외치다가 '이건 맞다'를 외칠 새도 없이 생이 끝나 버릴 것만 같다.

비 오는 날이 내게 어울린다고 생각해 본 적은 없었다. 오늘 처음으로 꾸물꾸물한 날씨가 내게 아주 잘 어울린다는 생각을 했다. 왕소금에 바짝 절여져 쪼글쪼글해진 내게 맑은 물은 비교적 적절했다. 푹 꺼진 보도블록에 고인 빗물에다 철퍽철퍽 구두를 담가 보았다.

잠깐 시원했다. 시원했나. 시원했겠지.

할 수 있는 게 아무것도 없다고 생각하진 않았다. 훌륭한 인간이 되는 것도, 선한 사람이 되는 것도, 내가 가진 코딱지만 한 능력을 최대한으로 발휘하는 것도, 쓰레기 같은 인간들을 무시하며 사는 것도, 우스운 인간이 되지 않는 것도, 의지만 잃지 않는다면 모두 가능하다고 믿었다. 의지가 무너지는 건 한순간이라는 것. 그걸 잠시 잊고 있었나.

할 수 있는 게, 아무것도 없다.

하루에 3시간씩 사장에게 불려 가 '넌 바보다' 따위의 세뇌를 당하던 시절이 있었다. 넌 절대 나 같은 편집자가 될 수 없을 거라는, 넌 결코 지식과 교양으로 중무장한 출판계에서 살아남을 수 없으리라는 단호한 주문에 걸려들어 조금씩 멘탈이 녹아 내리던 시절이었다. 그 시절 나는, 이런 일기를 써 내려가며, 스스로 출판계에 있어서는 안 될 외계인임을 애써 인정하며, 매 순간을 버티고 있었다.

왜 책이 만들고 싶은 건지 이유도 모른 채 출판사로 흘러들어왔다. 내가 책을 좋아했는지, 출판사를 동경해 왔는지, 책 만드는 일을 열망해 왔는지도 정확히 알 수 없었다. 남들처럼 취업 준비라는 명목 아래 무언가를 치열하게 준비해 본 적이 없었던 나는 출판사로 흘러 들어오기 전에도, 늘 아무런 준비도 되지 않은 상태로 어떤 곳에 떨궈져 있었다. 정신을 차려 보면 취재를 하고 기사를 쓰고 있었고, 정신을 차려 보면 상냥한 목소리로 온종일 기자들에게 전화를 돌리며 보도 자료를 쓰고 있었고, 정신을 차려 보면 방송국 녹음실에 앉아 책이나 영화를 소개하고 있었고, 정신을 차려 보면 웹진을 기획하고 있었다. 대학을 다니는 4년 동안 아무것도 배운 게 없다고 생각했는데 정신을 차려 보면 뭐든 하고 있었다. 그리고 '3초짜리 지구력'의 소유자인 나는 늘 빨리 지쳤다.

뭔가를 준비하고 돌입한 적이 없으니 빠져나오는 일도 쉬웠다. 어떤 것을 이루기 위해 죽을 듯이 노력하고 고생했다면 그것을 포기하는 일 또한 지독한 고통이자 고난이었을 텐데, '이게 아닌가?' 싶은 순간에 미련 없이 달려 나가는 건 나의 유일한 장기이자 한계였다. 그렇게 달려 나가 숨을 고르면 늘 '이렇게 살 수는 없다'는 주문이 머릿속을 빙빙 돌았다. 남들은 진작에 끝냈을 '진로 고민' 따위를 20대 후반이 될 때까지 반복했다. 다른 사람들이 취업 준비를 하면서 익혔을 것들은 '정신을 차려 보니 하고 있던 일'을 통해 배운 셈 치자. 계속 이렇게 살 수는 없으니 책을 만들어 보기로 하자. 밑도 끝도 없는 긍정의 힘이 샘솟았다. 뭐라도 하겠지. 뭐라도 되겠지.

뭐라도 될 줄 알았다. 차근차근 일을 배우고 선배들의 노하우를 받아 익히고 연륜을 쌓고 경험을 늘리면, 편집자가 될 줄 알았다. 그러나 갓 태어나 처음 마주한 엄마 새는, 새끼 새에게 끊임없이 극약 같은 말들을 내뱉었다. '너 왜 태어났니?', '여기가 아냐', '여기는 네가 있을 곳이 아니야'라고 외쳤다. 뭐라고? 여기가 아니라고?

사장은 자신이 고용한 사람에게 너는 자격이 없다, 너는 한참 멀었다는 말들을 하루가 멀다 하고 뱉어 냈다. 이해할 수가 없었다. 그러면 나를 왜 고용했나. 왜 우리와 함께 일하고 있나. 그는 자신이 만들고 있는 책과 완벽하게 다른 말과 행동을 했다. 이를테면 이런 것이었다.

"전 서울대 출신만 선호하는 학벌지상주의자인 다른 출판사 사장들과 달라요."

"어떤 점이요?"

"전 여러분이 지방대 출신이지만 모두 고용했잖아요."

"……?"

"전 당신에게 핸디캡이 있으니 더 노력해야 한다고 생각해요."

"제게 무슨 핸디캡이 있다는 거죠?"

"지방대 나왔잖아요."

이건 뭔가. 지독한 블랙유머인가. 아니다. 그것은 현실의 말들이었다. 노동을 이야기하고 인권을 논하고 왼쪽에 있는 거의 모든 담론을 다루는 책들이 그곳에서 탄생했다. 글자는 왼쪽으로 갔지만, 왼쪽의 담론을 책으로 담아 내는 사람은 말인지 똥인지 알 수 없는 괴상한 말과 행동을 쏟아 냈다. 편집자란 책을 통해 세상과 소통하고 목소리를 내는 직업이라 믿었다. 떼돈을 벌 수 있는 직종도 아니고, 사회적으로 폼이 나는 일도 아닌데, 그럼에도 굳이 출판업에 몸담는 사람이라면 당연히 가치관과 업이 일치하는 사람이리라 믿었다. 그것이 편집자고, 그것이 출판사를 운영하는 자의 당연한 자세인 줄 알았다. 그렇게 순진한 생각을 했다.

책을 생각했다. 책은, 도대체, 뭘까? 책은 나를 속이고 기만하는 허상인가? 책은 '386워너비'들의 사회적 패션을 완성하는 장신구 같은 건가? 그렇다면 책은 혹시, 아무것도 아닌 것인가? 출판 강좌 같은 곳에서 대선배들이 늘어놓던 무용담을 들을 땐 전혀 하지 못했던 생각이었다. 그들이 말하는 출판은 분명 화려하고 드라마틱하고 치열하고 아름답고 때론 온화하고 지적이며 정의롭고 섬세하고 다정했다. 출판이 무엇인지 알려 주는 책들이 말하는 책이란, 지성으로 살아 숨 쉬는 하나의 신성한 생물이었고 세상의 모든 편집자들을 숨 쉬게 만드는 생의 이유이자 에너지였다. 책 만드는 자의 자세와 태도를 논하는 대선배들에게 편집자란, 명예롭고 헌신적이며 유의미하고 위대한 직업이었다. 아니 무슨 생명을 다루는 의사도 아닌데 뭐 이렇게 사명이 많은 직업이 다 있나. 그래도 의미가 가득하다고 하니 어쩐지 마음이 놓였다. 그래, 무언가를 팔아야 먹고 살 수 있다면 지식을 파는 편이 좋겠다.

하지만 출판이 이런 것이라면, 책 만드는 사람이 이래도 되는 것이라면, 이것은 똥 같은 일이었다. 날마다 네거티브한 롤모델을 한 단계씩 업데이트해 가며 인생을 탓하고 내 선택을 탓했다. 불행을 자초한 것은 나 자신이라고 외쳤다. 그리고 다시 머릿속 주문이 빙빙 돌았다. '이렇게 살 수는 없다'.

*

운 좋게도(?) 해고를 당했다. 어쩌면 이미 예견된 일이었다. 이후에 벌어진 모든 일들은 모두 '운빨이었다'라고 말하는 편이 좋겠다. 출판과의 첫 만남에서 대차게 배신을 당하고 나자 어떤 일에도 '그나마 낫군'의 자세를 유지할 수 있게 됐다. 네거티브 롤모델이 내게 안겨 준 유일한 축복이었다.

'일이 잘돼도 내 덕이 아니다. 일이 잘못돼도 네 탓이 아니다. 중요한 것은 우리가 같은 목표를 갖고 있다는 것이다.'

업에 대한 기대감이 떨어지고 나니 책에 대한, 아니 일을 한다는 것에 대한 개념이 달라졌다. 책이라는 상품 자체에 지나치게 의미 부여하는 것을 경계하기로 했다. 대부분의 정신적

오류와 좌절과 배신은 '책 만드는 일'에 대한 지나친 사명과 당위 때문이라는 결론에 이르게 된 것이다. 일을 시작하기도 전에, 실무를 몸에 익히기도 전에, 우리는 너무나 많은 사명과 당위를 떠안았다. 그 덕에 우리는 많은 '문제'들에 눈을 감았고 입을 닫았고 귀를 막았다. 이제 그 아래 가려진 것들을 보아야 했다. '이렇게 살 수는' 없었기 때문이다.

책에 강요된 숭고한 자세를 버리자, 머리는 가볍고 일이 즐거웠다. 내가 무엇을 만드는 사람이며, 어떤 업에 종사하는 사람이며, 무엇을 해야만 하는 사람인가에 대한 고민을 멈추자 대부분의 문제들이 담백해졌다. 책 만드는 일이란 숭고한 지식 산업의 사명을 재현해 내는 게 아니라 사람과 사람 사이를 잇고 유연하게 일이 진행되게 만드는 정신노동이란 생각을 한 것도 이때쯤이었다. 나는 책의 위대한 가치를 극대화하는 사람이기보다는 주어진 시간과 자원 안에서 최상급의 상품을 만들어 내는 노동자였다.

전통적인 편집자상과는 거리가 먼 이력 때문에 늘 스스로의 입지를 의심하며 콤플렉스와 불안에 시달렸지만 그런 와중에도 그나마 견딜 수 있었던 것은 의식적으로 일을 일로써 대하려는 자기최면 덕이었다. 운 좋게도 이직을 할수록 근무 환경은 점점 더 나아졌고, 정상 범위에 있는 사람들이 늘었다. 더 나아가 인품이 좋은 사람을 많이 만난 덕에 스스로를 향한 분노는 점점 잦아들었다. 책, 그게 뭐라고. 나보다 중요해? 사람보다 중요해?

*

　일에 대한 혼란과 방황에서 조금 벗어나자 이 업의 주변부에 있는 각자의 자의식이 예상치 못한 곳 여기저기서 불쑥 고개를 드는 걸 보게 됐다. 쏟아지는 자학과 막연한 체념과 민망한 자부심과 안쓰러운 정신 승리와 밑도 끝도 없는 자기 위안과 대책 없는 긍정과 의식적인 우울이 혼합된 '편집자적 자의식'이었다. 이 보이지 않는 공기의 흐름 속에 나 역시 자리 잡고 있을 터였다. 끔찍했다. 우리는 무언가 잘못되고 있다는 것을 알면서도 책 만드는 사람의 자의식에 빠져 눈을 질끈 감고 그것들이 마치 존재하지 않은 것처럼 애써 외면하며 살았다. 예전에는 그저 기회를 잡는 것만으로도 벅찼으니까, 한마디로 목구멍이 포도청이었으니까, 주변을 돌아보는 건 마냥 사치스러운 일이었다. 아마 많은 동료들이 그랬을 것이다. 그렇게 우리는 이 세계에 들어왔을 것이다.

　쓸데없는 자의식을 걷어 내고 싶었다. 너무 많은 것을 드러내 놓고, 그러니까 가진 패를 모두 까놓고 그 패를 수습하기 위해 허둥대는 것보다 고요한 호수가 되고 싶었다. 바람이 불면 부는 대로 물결을 살랑살랑 흘려 주고, 비가 오면 오는 대로 묵묵히 받아 주며, 새들이 날아와 수면 위로 파문을 일으키면 그런 대로 참아 주는 고요한 호수. 하지만 낚시꾼이 낚싯대를 던져 넣었을 땐 품고 있던 물고기들을 아낌없이 모두 퍼 주는 넉넉한 호수. 보통의 행인들은 모르고 지나치지만 이 호수가 얼마나 풍요롭고 넉넉한지 알 만한 강태공들은 다 알고 찾아와 주는 숨은 고수다운 호수.

그리하여 우리들의 이야기를 하기로 했다. '출판이란 무엇인지 너들이 알랑가 모르겠지만 내 말을 잘 들어' 화법이 익숙한 세대의 이야기가 아닌, 지금 곁에 있는 동료들의 이야기를 해 보기로 했다. 전면에 나서는 투사 같은 건 워낙 소심한 나로서는 불가능한 일이었지만, 나의 곁을 조금 내주는 건 괜찮았다. 넉넉한 호수가 되고 싶었다. 호수는 파도를 일으키지 않는다. 뭐든 거창하지 않게, 비장하지 않게, 스리슬쩍 시작해야 했다. 그렇게 〈뫼비우스의 띠지〉라는 팟캐스트 방송을 내보냈다.

의도치 않게 작은 파도가 일었다. 의도치 않게 적잖은 주목을 받았다. (이 글이 실린 책이 세상에 나올 때쯤에도 방송이 계속되고 있을지는 모르겠다.) 세상에나. 그저 우리의 일상을 이야기했을 뿐인데 이렇게 환영해 주다니, 그동안 우리는 대체 어떤 세계에 살았단 말인가. 물론 달라지는 것은 없었다. 무엇을 바꾸려고 시작했던 것도 아니었고, 그저 '자판기 뒤에 사람 있어요'라고 말하고 싶었다.

이 책의 원고 집필을 제안받았을 때 가장 오래 생각했던 것은 '출판노동도 그저 노동의 한 분야일 뿐인데 왜 군이 출판노동을 말해야 하는가'였다. 기획자에게 물었다.

"왜 출판노동자의 자기 고백이 책으로 나와야 하는 거죠?"

그러자 이런 대답이 돌아왔다.

"왜 출판노동자의 자기 고백이 책으로 나오면 안 되는 거죠?"

우리의 방송에도 같은 질문을 던질 수 있고, 같은 답변이 돌아올 수 있었다. 왜 군이 방송해야 하는 거죠? 왜 하면 안 되는 거죠? 사실은 우리도 같은 마음으로 방송을 시작했다. 그러니까, 나는 고백하고 싶었다. 자판기 뒤에 사람 있고, 책 뒤에 사람이 있다고. 그 사람들이 '일'을 하고 있다고.

그 고백이 바깥으로 나오자 자판기 뒤의 사람이 우르르 쏟아졌다. 나도 있다고, 여기도 있다고, 이렇게 있다고. '책을 만든다'는 그럴싸한 그림에 가려졌던 출판'노동자'들이 여기저기서 저요, 저요, 손을 들었다. 텍스트에 몰입한 채 사람과 사람을 잇는 일의 특성상 속을 끓이고 분을 삭이고 눈물을 삼켜야 했던 수많은 시간들이 수면 위로 올라왔다. 사장이나 대표를 비롯한 경영진, 관리자 말고 동료와 동료들이 손을 맞잡고 마음을 나누기 시작한 것이다. 우리는 서로를 확인했다. 어딘가에 있을 또 다른 '우리들'의 존재를.

일하다 보니 얼결에, 예상보다 더 오래 견뎠다. 그러다 보니 후배가 생겼다. 나는 선배가 되고 싶지 않았다. 영원히 후배로 살면서 어리광을 부리고 싶었다. 닮고 싶은 선배가 많아질수록 더 그랬다. 나는 죽었다 깨어나도 저들처럼 될 수 없을 것 같다는 미약한 멘탈 때문이었다. 후배는 조금 실수를 해도 된다. 후배는 조금 모자라도 되고, 조금 서툴러도 되고, 조금 객기를 부려도 된다. 이 얼마나 편리한가. 선배는 실수하고 모자라고 서툴고 객기를 부리면 고스란히 후배들의 눈으로 스캔돼 몹쓸 '본'을 남기게 된다. 선배가 되고 싶지 않았다.

농담처럼 말해 왔다. 언제든 회사에서 '장'을 달면 퇴사할 거라고. '장'은 위로 귀를 열고 아래로 눈을 떠야 하며 자신에게도 예민한 후각을 가져야 한다. 맙소사. 어떻게 그 모든 걸 감내할 수 있단 말인가. 세상엔 그렇게 살 수 있는 사람이 정해져 있다고 믿었다. 그리고 그런 사람이 나는 아니라고 생각했다. 내가 돼서는 안 된다고 생각했다. 선배가 되고 싶지 않았다.

수많은 선배들 앞에서 얼마나 울었던가. 선배들 앞에만 서면 순식간에 와르르 무너지곤 했다. 아무도 나를 나무라지 않았다. 그래서 더 무너졌다. 지금 이 순간만큼은 이들에게 기댈 수 있다는 안도감이 우르르 솟아올랐다. 내가 조금 실수하고 모자라고 서툴러도, 선배들은 언제든 내 등을 두드리며 '괜찮다'고 말해 주었다. 나는 늘 징징거리고 의지하고 안도했다. 그들은 언제나 넓은 어깨로 사람을 품었다. 나는 그런 선배가 될 자신이 없었다.

하지만 어쩔 수 없다. 누구나 선배가 된다. 그러니 나는 좀 더 나은 사람이 돼야 했다. 가끔 속을 뒤집어 놓는 후배들을 볼 때마다 같은 시기의 나를 떠올렸다. 나도 그랬을까? 좋은 본을 보이는 사람이 돼야 한다는 강박은 자꾸만 나를 자기반성의 시간으로 내몰았다. 한 시절을 같이 보낸 선배를 붙잡고 물었다.

"선배, 나도 옛날에 그랬어?"

"아니, 넌 안 그랬어. 나도 니가 속 썩일 때 선배들에게 나도 옛날에 그랬냐고 물어봤는데 선배들은 항상 그렇게 말했지. 넌 안 그랬다고. 네 후배도 나중에 너한테 물어볼 거야. 선배, 나도 옛날에 그랬어? 그럼 분명 너도 같은 말을 해 줄 거야. 아니, 넌 안 그랬어. 왜냐면, 우린 모두 다 다른 사람들이니까."

선후배라는 사슬을 버리고 그냥 '사람'을 보라는 말은 이렇게 간명하고 분명했다. 선배가 돼서 후배보다 나은 사람이 돼야 한다는 강박은 어쩌면 이렇게나 쓸모없는 것이었다. 나는 또 마음이 든든해져서 선배의 등에 달라붙어 귀찮은 짐이 되고 싶었다.

*

　'나는 사명에 반대한다'고 줄기차게 외치면서도 나도 모르게 좋은 사람이 돼야 한다고, 좋은 편집자가 돼야 한다고, 좋은 선배가 돼야 한다고 스스로에게 의무와 당위를 부여하고 있다는 사실을 깨달은 건 얼마 되지 않았다. 뭔가가 부드럽게 진행되고 문제없이 흘러가면, 여기도 한 번 들여다봐야 할 것 같고 저기도 한 번 들여다봐야 할 것 같은 불안감에 시달리는 사람이 돼 있었다는 것도 비교적 최근에야 깨달았다. 이번에는 정신을 차려 보니, 그렇게 끊임없이 자신을 학대하며 살아가는 내가 보였다.

　하루하루 숙제하듯이 살아간다. 아침에는 '대체 어떤 인간들이 활자중독이라고 자처하고 다니는 거냐. 난 한 글자도 읽기 싫다!'며 짜증을 내다가, 저녁에는 '훌륭한 편집자가 돼야지'를 외치고, 이튿날이면 '책 따위 다 없어져 버려라!'를 주문하는 분열적인 날들이 이어진다. 뭔 놈의 직업이 이토록 사명에 '쩔어' 있냐고 냉소하다가도, 오직 매출 목표를 향해 달려가는 조직을 마주할 때마다 '그럴 거면 냉장고를 팔지 왜 책을 팔아!' 하는 마음의 소리가 웅웅거리다가 사그라든다. 하루에도 열두 번씩 책을 미워하고 책을 그리워하고 책을 생각하다 다시 책을 미워하고 책을 그리워하고 책을 생각한다. 뫼비우스의 띠처럼. 장난처럼 시작한 팟캐스트 방송의 제목이 마치 나의 운명인 것마냥, 그런 시절을 살아 내고 있다.

대부분의 편집자들이 이런 분열적인 시간을 견뎌 내고 있을 것이다. 출판계가 호황이라고 평가되던 시절에는 독자로서 열심히 책을 사서 읽으며 출판사를 배불렸고, 편집자가 돼 출판사에 들어가 죽어라 책을 만들었더니, 이제 와서 요즘은 제대로 된 편집자가 없어서 출판계가 망해 간다고 손가락질하는 어르신들의 비난까지 감당하고 있을 것이다. 도대체 편집자가 뭐길래, 책이 뭐길래 우리는 이토록 스스로를 학대하고도 모자라 채찍질까지 당하며 사는 걸까.

갑자기 종이책 출판이 쫄딱 망해서 세상의 모든 종이책이 사라지는 꿈을 꾼 적이 있다. 모든 인쇄소의 작동이 멈추고 폐지들은 재활용쓰레기로 분류돼 산처럼 쌓였다. 나는 인쇄소 앞을 기어 다니며 종이를 움켜쥐고는 "종이책이 망하다니, 종이책이 망하다니" 하며 대성통곡을 했다. 꿈에서 깼을 때 뭐 이런 황당한 꿈을 꿨나 싶어 헛웃음이 나오면서도, 그게 그렇게 목 놓아 울 만큼 내게 슬픈 일이었을까 생각하니 묘한 기분이 들었다. 일을 하면 할수록 이렇게 일해서 뭐하나, 눈에 보이지도 손에 잡히지도 않는 일에 파묻혀 사는 게 무슨 의미가 있나 하는 회의감이 밀려들었는데……, 꿈은 정말로 반대일까?

이 업의 끝이 어디일지는 모르겠다. 당장 내일 책이 사라져도 전혀 이상하지 않은 시대다. 이 책이 나올 때쯤 나는 더 이상 책 만드는 일을 하고 있지 않을 수도 있다. 그러니 당장은 내일을 생각하지 않기로 했다. 아무리 해도 숙련되지 않는 이 지난한 업에 대해 아무것도 예측하지 않고, 아무것도 기대하지 않고, 어떤 불안도 생각하지 않고 지금 여기 놓인 원고를 읽기로 한다. 내가 할 수 있는 일은 이것뿐이다.

나는 책의 힘을 믿었다

진영수
생각하는아이지 영업부

나는 책의 힘을 믿었다. 책이 좋았고, 책은 언제나 옳았다. 책은 나에게 자유로운 상상의 힘을 알려 주었다. 책은 나에게 타자가 있음을 알려 주었다. 책의 가르침이 좋았다. 늘 배울 수 있어서 좋았다. 배우지 않아도 좋았다. 책을 보기만 해도, 책을 갖고만 있어도 좋았다. 여러 설명을 덧붙이지 않아도 그냥 좋았다. 책을 보고 난 달라지리라 믿었다.

책을 보는 사람도 옳을 것이라 믿었다. 아니면 다를 것이라 생각했다. 적어도 남을 괴롭히는 사람은 없으리라 생각했다. 덜 나쁠 것이라 생각했다. 덜한 속물일 것이라 생각했다. 욕심도 과하지 않고, 이기심도 과하지 않으리라 생각했다. 책이 사람들을 바른 방향으로 이끌 것이라 생각했다. 책의 힘이 사회를 변화시킬 것이라 생각했다.

난 책의 힘을 믿었다.

*

멋이었다. 내가 출판계에 들어오게 된 것은 콘텐츠와 텍스트라는 말 때문이었다. 내가 마케터가 된 것은 마케팅과 니즈라는 말 때문이었다. 출판계는 늘 불황이란 이야기를 들었다. 그래서 출판계에는 크게 관심을 두지 않았다. 하지만 출판 강의를 들었다. 출판계의 찬란한 미래가 보였다. 콘텐츠는 무궁무진했다. 유한하더라도 사람이 그 끝을 알 수는 없었다. 콘텐츠 상상력은 무한하게 뻗어 나갈 수 있었다. 모든 콘텐츠의 기반은 책이었다. 각각의 방법이 잘못됐을 뿐 책의 전망은 밝았다.

방법을 찾는다. 편집자는 독자 니즈에 맞는 책을 만들고, 마케터는 독자 니즈에 맞춰 책을 홍보한다. 우린 너무 구시대적으로 책을 만들고, 책을 홍보하고 있었다. 좀 더 객관적이고 과학적인 방법으로 현실에 맞는 책을 독자들에게 선보이면 된다. 니즈를 분석하면 어떤 책을 만들고 어디서 책을 홍보해야 할지 보인다. 누구에게나 하나 이상의 콘텐츠가 필요하다. 그 사람을 찾는 일이 마케팅이다.

폼이 났다. 콘텐츠가 필요한 사람은 반드시 있는 법이다. 그 숨어 있는 사람에게 책을 보여 주고 그 사람을 독자로 만드는 일이 멋져 보였다. 공부를 했다. 선배들이 일러 준 대로 필립 코틀러, 피터 드러커부터 시작했다. 마케팅 고전을 공부하고, 선진화한 마케팅 방법을 배우는 게 중요했다. 월급 따윈 중요치 않았다. 이렇게 폼 나는 일을 내가 할 수만 있었으면 했다. 대성해서 이 바닥에서 유명해지리라 마음먹었다.

나는 마케터가 됐다.

*

거짓이었다. 속았다. 나에게 콘텐츠의 힘을 말했던 강사는 출판사 대표였다. 자신의 말대로 수많은 니즈에 맞춰 수많은 책을 만들어 내고 있었다. 그리고 직원들은 그의 니즈에 맞춰 혹사당하고 있었다. 낮과 밤이 없었다. 날마다 야근하고 책을 찍어 내야 했다. 더 많은 종류의 책을 만들기 위해 더 많은 노동력이 필요하다는 사실을 간과했다. 출판 공장이었다. 대표는 폼이 났지만, 직원들은 피폐해져 갔다.

마케터는 없었다. 에디터와 편집자는 같은 의미로 쓸 수 있는 말이었지만, 마케터와 영업자는 같은 의미로 쓸 수가 없었다. 마케터와 영업자를 분리해 버린 선배들은 객관적이고 분석적인 마케팅이 가능하다고 했다. 마케팅을 객관화하는 시도는 가능하지만, 절대화(절대적인 객관화)는 불가능했다. 하지만 자신들의 이론을 공고히 하기 위해서인지 모든 게 절대화가 가능한 것처럼 태도를 취했다. 늘 팀원들은 이런 질문을 받아야 했다.

"왜 그런가? 근거가 뭔가?"

영업적으로 해결해야 할 사항에 있어서도 선배들은 근거를 대라고 했다. 절대화라는 전제 아래 억지 근거들이 들어섰다. 두 언어의 분리로, 마케팅은 고상하고 영업은 저속한 것으로 취급됐다. 그러면서 절대화의 결과를 모두 자신의 성과로 돌렸다.

"10년 전 그 책은 내가 베스트셀러로 만든 거다. 저 출판사 내가 건물 올려 줬다."

단 한 명의 힘으로 책 한 권이 베스트셀러가 되는 것은 불가능한 일이었지만, 마케팅이란 말이 그걸 가능한 것처럼 만들었다. '보그병신체'가 있다면, '마케팅병신체'도 있었다. '마케팅, 니즈, 소구점, 4P, 4C, SWOT 분석, 전략, 커뮤니케이션'과 같은 말들이 쓸 데 안 쓸 데 가리지 않고 마구 쓰였다. 있어 보이니까. 폼 나니까. 마케팅이란 말 안에 융통성도, 일하는 사람도 없었다.

필립 코틀러, 피터 드러커가 말하는 경영 담론은 영업자들에게 "자기 회사라 생각하고 일해라, 기업가 정신으로 무장하고 경영자처럼 일해라"라는 메시지로 다가왔다. '노동자의 경영자화'라는 모순된 논리가 통용됐다. 이 논리는 '장그래'를 노동자가 아닌, '경영자 마인드가 있는 참신한 회사원'으로 만들어 버렸다. 영업자들에게 권한은 부여하지 않고 성과만 강요하게 됐다. 뭐든 객관적인 지표를 만들라고 하면서 매출은 영업으로 해결하라 했다. 책 밀어 넣기는 자금 순환을 위해서가 아니라 영업자 성과를 위한 것이 돼 버렸다.

처음으로 따랐던 선배가 있었다. 늘 후배들에게 일하는 노하우를 전수했고, 후배들이 성장할 수 있도록 길을 터 주었다. 선배와 술 한잔을 기울이는 것만으로도 성장하는 기분이 들었다. 팀원이 늘어났다. 조직이 생겼다. 선배는 팀원을 통제하기 시작했다. 일하는 데 가장 중요한 것은 '누가 내 마음에 드느냐, 안 드느냐'가 됐다.

나는 잘렸다.

*

인문이었다. 출판 공부를 하면서 가장 많이 들은 말이 '인문'이었다. 영업자도 편집자도 인문적 소양이 가장 중요했다. 책을 만들고 파는 것 모두가 인문이었다. 무슨 말인지는 잘 이해되지 않았지만 '인문'이란 말이 좋았다. 책을 만드는 것은 다른 사람의 삶을 편집하는 일이고 책을 판다는 것은 다른 사람의 삶을 또 다른 타자에게 소개하는 일이니, 인문 아닌 것이 없었다.

인문 출판사 대표가 하는 강의를 들었다. 인문학은 삶 전체에 깃들여 있기 때문에 중요하다 했다. 과거 인문사회 출판사들이 찬란했던 때를 이야기했다. 독재와 싸우고 자본주의를 비판했던 그때를. 최근 인문학이 많이 죽었다고 함께 통탄했다. 하지만 현대에 맞는 인문학 책이 다시 열풍을 만들어 낼 것이라고 했다. 자본주의 사회에 살면서 노동자의 권리를 중시하고, 자본주의를 극복하고, 힘없는 사람들을 착취하는 권력을 비판하며, 다르다는 것을 인정하는 사회를 만들기 위한 책을 만들어 낸다는 출판은 고귀했다.

"영업자들도 이런 책을 봐야 한다"며 선배들이 인문학 책들을 권했다. 스터디도, 강의도 참 많았다. 선배들은 좀 더 어릴 때 많이 공부해야 한다고 했다. 뭐든 배우는 게 좋았다.

나는 인문학의 팬이 되었다.

*

허영이었다. 인문 정신은 돈 벌고 싶은 욕망을 감추기 위한 언어였다. 내 맘대로 사람들을 부리기 위한 수단이었다. 촘스키를 부르짖던 사장은 "자네는 우리 회사와는 맞지 않는 것 같네"라며 내 친구에게 해고를 통보했다. 마르크스를 신봉하던 사장은 돈만 밝혔다.

인문 정신을 강조하던 사장, 선배들은 자신의 생각과 반대되는 행동을 하는 직원, 후배들에게 늘 이런 이야기를 했다.

"너희들이 어떻게 나한테 이럴 수가 있느냐!"

인문학 공부를 하고, 교양 있고, 지적인 선배들은 자신을 좋은 사람이라고 생각했다. 후배를 아끼는 마음에, 직원들의 성장을 위해 시키고 가르쳤다고 생각했다. 공부도 하나의 노동이 된 걸 이해하지 못했다. 직원들이 노동조합이라도 만들라치면, 사장은 이야기했다.

"내가 얼마나 진보적인 사람인데, 너희들이 이럴 수가 있느냐!"

"내가 얼마나 직원들에게 잘해 주는데, 뭐가 문제가 된다고 노동조합 같은 걸 만들려고 하나?"

노동자들이 노동조합을 만든다는 사실을 자신의 진보성을 무시하는 행위라 생각했다.

학벌주의를 비판하지만 직원들의 학벌은 중요했다. 자신이 서울대를 다니던 학부 시절 이야기를 즐겼고, 이를 같이 공감하며 들어줄 수 있는 서울대 출신을 찾았다. 엘리트 의식에 사로잡혔다. 인문학이 아니면 책도 아니라고 하더니, 어느새 회사 내 단순 업무 담당자들을 무시하기 시작했다. 편집, 마케팅 담당자들을 고급 인력으로, 영업, 보조 업무 담당자들을 저급 인력으로 취급했다. 영업부 출고(주문) 담당자들은 낮은 연봉을 견뎌야 했다. 경영진은 "출고 담당자가 하는 일은 단순 업무라 누구나 금세 배워서 일할 수 있다"라며 연봉 인상을 거부했다. 단순 업무를 끈질기게 할 수 있는 사람이 좀처럼 없다는 사실을, 누구나 할 수 있는 일이 아님을 몰랐다. 몇몇 홍보 담당자들은 서평 이벤트 도서 발송, 홍보물 발송 등 편집부와 영업부에서 귀찮아하는 일을 대신하는 사람으로 전락했다. 편집자와 영업자들도 홍보 담당자들이 하는 일이 택배나 보내는 거라며, "이것 좀 보내 줘요, 저것 좀 보내 줘요" 부리는 일이 늘었다. 귀찮은 일이 얼마나 힘든 일인지를 몰랐다. 인문 정신은 엘리트 정신으로 변질됐다. 노동자들 사이에서도 위와 아래라는 구분이 생겨 버렸다. 갑과 을의 관계는 거래처와 회사 사이에만 있는 게 아니라 회사 내에도 존재했다.

한 선배는 내게 "서른다섯 살 전에 많이 공부해 두지 않으면 나중에 이 바닥에서 살기 어렵다"고 했다. 강의도 추천하고, 공부할 책도 추천했다. 한 선배는 신입 마케터 교육 프로그램을 소개했다. 그 프로그램을 따라 공부하면 마케터로 일하는 데 많은 도움이 될 것이라 했다. 강의를 들었다. 책도 봤다. 마케터 교육 프로그램에 참여하기도 했다. 어떤 공부는 도움이 됐지만, 어떤 공부는 전혀 도움이 되지 않았다. 하지만 선배들은 늘 자신에게 좋았던 공부 방식을 권했다. 선배의 경험이 나의 경험과 일치할 리가 만무한데도 자기 경험을 과신했다. 나는 이렇게 공부해서 성공했다. 나는 이런 책을 읽어서 똑똑해졌다. 나는 그렇게 일해서 지금의 자리에 섰다. 하지만 그 '나'는 내가 아니었다.

나는 공부가 질렸다.

함께함이었다. 출판계에 들어와서 가장 좋았던 것은 동종 업계 사람들끼리의 함께함이었다. 소위 경쟁 업체 출판사 영업 자 혹은 마케터들끼리 외근을 같이 다니고 자주 모임을 갖는 것이 좋았다. 친근함이 있었다. 어느 출판사 소속이든 쉽게 선 후배 사이가 됐다. 업계 정보도 공유하고 서로의 고충도 털어 놓았다. 내가 모르는 것을 물어보면 거리낌 없이 알려 주기도 했다.

책 사이에는 경쟁이 없는 듯 보였다. 누군가에게 좋은 책, 나쁜 책은 있을지언정 고급, 저급이라는 기준으로 나눌 수는 없었다. 함께 도서 홍보 이벤트를 해도 상관없었다. 돈을 모아 함께 도서 목록을 만들기도 했다. '우리 책이 여기 있다'라는 느낌이 아니라 '우리들 책이 여기 있다'와 같은 느낌이었다.

출판계가 좁다고들 했다. 이 말이 듣기 싫지 않았다. 내가 어려울 때 도움을 청할 선배, 동료들이 가까이에 있다는 의미 였다. 이직을 고려하고 있다면, 누군가가 다른 출판사에 소개 시켜 줄지도 모를 일이었다.

첫 회사의 상사들은 마냥 자상했다. 신입의 계속되는 질문 을 귀찮아하지 않았다. 함께 회사 욕도 했다. 좋은 일도, 나쁜 일도 나눴다. 회사의 가족주의에 대한 비판이 많았지만 가족 같은 분위기가 나쁘지 않았다. 가족 같았기에 업무적인 부탁도 어렵지 않게 할 수 있었다.

　나는 회사 안에서 귀여운 막내였다.

　　　　　　　　　　　*

　계급이었다. 내가 처음 '노동'이라는 말을 인지했을 때, 우리 사회에서의 계급이란 자본가와 노동자, 두 가지뿐인 줄 알았다. 하지만 무수히도 많은 계급이 더 있었다. 선배와 후배, 부장과 과장, 대리와 사원, 팀장과 팀원, 5년차와 3년차, 형과 아우……. 세분화된 계급 공간 안에서 일만 할 수는 없었다. 더 높은 계급에 오르기 위해 애쓰거나 더 낮은 계급의 사람들에게 얕보이지 않으려고 애를 써야만 했다. 작은 출판사에도 정치적인 사람들이 가득했다.

　처음으로 선배를 따라간 영업자들의 모임에서 '군대'를 떠올렸다. "형이 말이야……" 하고 친근감 있게 다가오는 모습은 군대에서 하급자를 대하는 태도와 다르지 않았다. 형 말을 안 듣거나 형 말에 반박하면 안 될 것 같았다. '형'이라는 말이 이렇게 계급적인 언어인 줄 몰랐다. 한 친구는 영업자 모임에 나가서 선배로부터 "요즘은 선배들도 후배 눈치를 봐야 해"라고 비꼬는 소리를 들어야 했다. 그렇다. 후배가 선배 눈치를 보는 것처럼 선배도 후배 눈치를 봐야 하는 게 당연하다. 이 당연한 걸 선배들은 몰랐다. 후배들이 선배들 기분을 늘 맞춰야 하는 세계가 당연하다고 생각했다. 군대에서 들었던 말이 생각났다.

"병장 되면 좀 편해진다고 생각했는데, 요즘은 병장들이 일
이병 눈치를 봐야 돼! X나 빠져 가지고."

공동체는 '지금 이대로. 건드리지 마'라는 분위기였다. 선배
들이 만들어 놓은 많은 모임이 있었다. 모임은 새로운 영업자
들을 받고 명맥을 유지했다. 선배들은 고민했다.

"요즘엔 모임에 젊은 영업자, 특히 여자 영업자들을 볼 수
가 없어."

그러나 젊은 애들이 모임을 비판할라치면, "이 모임이 안
맞으면 괜히 분위기 망치지 말고 나오지 마"라는 소리를 들어
야 했다. 회사와 다를 바가 없었다. 불합리한 시스템을 비판하
면 회사가 늘 하던 소리를 했다.

"원래 그게 우리 회사 문화다. 원래 그래 왔고, 문제가 없었
다. 이게 안 맞으면 네가 나가라."

공동체에 문제가 생기면 모든 게 가해자, 피해자 개인의 문
제가 됐다. 이번에 있었던 일은 좀 별난 개인들이 있어서 생긴
일이다, 우리 회사, 모임은 그래도 여전히 좋다, 다른 회사나
모임을 봐라, 우리가 훨씬 낫지 않나.

언제나 마음이 아팠던 건 노사 갈등이 아니라 노노 갈등이
었다. 직원들끼리 술을 마셨다. 회사 욕을 하고, 사장 욕을 했
다. 그러다가 어느새 화제가 바뀌었다.

"그런데 걔는 왜 그래? 걔가 편집자가 맞아? 편집자가 일을

그따위로 해?"

회사에 대한 분노의 화살은 언제나 같은 노동자에게로 돌아갔다. 한 회사에서 노동조합을 만들면서 노동자 간의 갈등이 있었다. 왜 갈등이 생겼는지는 알 수가 없었다. 한 선배는 노동조합을 비난하며 이런 말을 던졌다.

"걔네들은 어른을 봐도 인사를 안 해."

결국 '버르장머리'가 문제였다.

출판계는 역시나 좁았다. 소문은 금세 퍼졌다. 나를 싫어하는 선배가 나에 대한 안 좋은 소문을 낼까 걱정해야 했다. 한 친구는 이직을 준비하면서 평판 조회를 당하기도 했다. 입사 지원한 회사의 팀장이 지금 다니고 있는 회사의 상사에게 연락했다.

"너네 누구 있지? 걔 우리 회사 지원했더라. 어떤 애냐?"

이런 연락이 자유로웠다. 대신 후배들의 회사 생활은 자유롭지 않았다. 늘 감시당하는 기분이었다. 가족 같은 상사들은 상냥한 얼굴뿐이었다. 후배에게 좋은 사람으로만 남기를 원할 뿐이었다. 친절하고 따뜻한 가족처럼 대하며 좋은 사람인 척했지만 정작 중요한 순간에는 남이 돼 있었다. 사장이 내칠 때엔 "좀 참지 그랬어" 하고 훈수를 뒀다. 가족 같은 회사, 아버지 같은 사장. 아버지의 뜻을 거스를 수는 없었다. 우리는 여전히 가부장제 사회에 살고 있었다.

공동체는 공감을 강요했다. 출판계는 매해 유례없는 불황이었다. 회사에서는 늘 "매출이 떨어지고 회사가 어렵다"고 했다. 회사가 어려울수록 주인 의식을 가지고 일해야 했다. 자발적으로 야근도 하고 열심히 일해야 했다. 회사에서 내가 소유하고 있는 것은 단 하나도 없지만 회사는 주인 의식을 요구했다. 회사의 주인으로서 연봉을 이야기하는 것은 파렴치해 보였다. 사장님은 개인돈과 회삿돈을 확실히 구분 지었다. 회사 운영은 회삿돈으로 해야 한다는 말은 당연한 이야기였다. 과거 출판이 호황이고 찬란했던 때에 벌었던 돈으로 집도 장만하고 자녀들 유학도 보냈다. 여전히 집도 몇 채 있지만 회사를 위해 돈을 풀지는 않았다. 불만은 없었다. 개인돈과 회삿돈은 명백히 다른 것이니까. 가끔은 회사카드로 개인 물품을 사고, 개인 용도로 회삿돈을 쓰기도 했다. 연봉은 직원들보다 다섯 배 이상 높았다. 회사는 '공감에 동참하라!'라는 캐치프레이즈를 내걸었다. 회사가 어려우니 공감해야 했다. 어려움에 공감하면서 연봉 이야기를 꺼내면 안 됐다. 여전히 주인 의식을 가지고 일해야 했다. 함께함은 어려움은 나누고, 기쁨은 나누지 않는 것이었다.

또다시 내 임금은 동결됐다.

*

나는 여전히 책의 힘을 믿는다. 책과 책 사이에 계급이 없는 것처럼 노동자 간에도 계급이 사라지길 바란다. 전에 회사 후배를 다른 회사 친구에게 소개시켜 준 적이 있다. 그때 친구가 후배에게 물었다.

"A 씨는 회사에서 영수 선배 바로 밑이에요?"

"아뇨. 밑이나 위 같은 건 아니고요, 그냥 나이 많은 사람."

그랬다. 나는 상사도 선배도 아니고 그냥 나이만 많은 사람일 뿐이었다. 그런 내가 뭐라고 선배 노릇을 하고, 후배 놀이를 하고 있단 말인가. 좋은 선배 강박에 빠져 좋은 선배이고 싶은 사람은 많다. 알려 주고 싶은 게 많아 자꾸만 후배와 술자리를 함께하며 자기 이야기를 한다. 그리고 밥도 많이 사 주고, 챙겨 주려고 이야기도 많이 걸었으니 '난 좋은 선배'라고 착각한다. 차라리 말 걸기 쉬운 선배가 되는 게 낫지 않을까. 그보다 '선배'를 빼고 좋은 사람, 좋은 동료로 남으려 노력하는 편이 낫지 않을까. 후배와 상하 구분 없이 지내다가 후배에게 시달린다면 당당하게 이야기해도 괜찮다. 나도 너와 똑같다. 나도 힘들다.

지금까지는 공동체에 갇혀 피해를 봤지만, 이제는 공동체를 이용할 때인지도 모른다. 우리는 이미 같은 공간 안에 있어서 함께 이야기하고, 함께 공감할 수 있다. 함께해서 문제를 해결할 수 있다. 행여나 함께 구조를 바꾸지 못하더라도 개인이 차근차근 바꿔 나갈 수도 있다. 선후배 사이의 계급을 없애면 된다. 내가 욕하던 사장, 팀장, 과장처럼 되지 않으면 된다. 지금의 마음을 기억해 두면 된다. 나중에 가서 "선배가, 팀장이 얼마나 힘든데, 자리가 사람을 만들어"라는 소리를 안 하면 된다. 굳이 혁명가처럼 굴지 않아도 된다. 바로 옆 친구에게 관심을 갖고 옆 친구의 문제에 공감하면 된다. 책이 만들어 놓은 이 공간이 남을 타자화하지 않기를. 나는 책의 힘을 믿는다.

어떤 거창함 없이 여기 옥천에서

최진규
포도밭출판사

출판사에서 일한 시간들을 돌아보려는데, 내가 초·중·고등학
교를 다니며 수업 시간표를 제대로 외워 본 적이 없다는 것이
먼저 떠오른다. 수업 시간표를 몰라도 어차피 국어 시간, 수학
시간은 온다고 믿는 태평함 탓이었다. 안 외워지면, 그냥 모르
고 살지 뭐⋯⋯, 이런 식이었다. 수업 시간표를 외우기 싫어했
던 것은 사소한 일에 속하는 편이고, 그보다 중대한(?) 영역에
서 몹시 싫어했던 것은 미래에 별다른 희망이 없다고 느끼는
막막함이었다. 지루하게 살기가 무엇보다 싫었다. 나는 되도록
신나고 재밌게 살고 싶었다. 재미있게 살자고 마음을 먹고 나
서 처음 시도한 일은 의외로 공부였다. 서울에 있는 대학 정도
는 가야, 집에서 독립도 떳떳하게 하고 잘 꾸미는 세련된 친구

도 사귀고 나도 좀 있어 보이게 놀 수 있지 않을까 하는 그런 얄팍한 생각에서였다. 공부는 생각보다 할 만했고, 성적도 기대 이상으로 올랐다. 그런데 수능을 앞둔 가을쯤엔가, 대학원서 접수를 하는데 예상치 못한 고민이 생겼다. 고등학교 내내 이과반에서 공부를 했는데, 대학은 문과로 지원하고 싶었던 것이다. 아마 그때 내 심장을 간질이던 그 뜻밖의 바람 한 줄기가 나를 지금 여기까지 데리고 온 원흉(아니 모태라고 하자)인지도 모른다.

나는 갑자기 프랑스어를 배우고 싶었다. 프랑스 문학을 읽고 싶었고, 프랑스에 놀러 가고 싶었다! 그게 '스릴 넘치는 삶'이라고 여긴 탓인 듯하다. 그런데 이런 판단이 맞는 걸까, 친구들은 벌써 공대에 가서 취업에 도움이 되는 전공수업을 들은 다음 대기업에 들어가겠다는 계획을 야무지게 세우는데, 프랑스에 놀러 가겠다는 부푼 꿈 때문에 불문학과를 가겠다는 것이 말이 되나, 같은 고민에 사로잡혔다. 그런데 이때 또 한 번 낙관적인 기질이 발동하고 말았다. '어떻게든 되겠지!'

학교에 문과로 교차 지원한다고 말하고, 지원 가능한 4개 대학 원서 모두 불문학과로 써냈다. 그런 사실을 부모님께는 또 나중에 말씀드렸는데, 아버지는 늘 멍하던 내 눈빛이 그 이야기를 하면서 잠깐 반짝인다고 생각하신 것 같고, 처음으로 인생에서 뭔가 확고한 뜻을 품은 (것 같기도 하고 전혀 아닌 것도 같아 걱정은 들지만) 나를 그냥 두고 보자고 여기고 마셨다고 한다.

내 선택은 한편으로는 허랑방탕하기 그지없었다. 마침내 나는 불문학과가 있는 어느 대학에 요행히 합격했다. 그런데 정작 대학 생활이 내 기대와는 여러모로 다르다는 것을 입학하자마자 깨달았다. 불문학과에 가는 게 프랑스에 놀러 가는 건 아니지 않나. 내가 그 생각을 미처 못했다. 나는 불문학과에 가면 프랑스식 생활(이를테면 소피 마르소가 나오는 영화 〈라붐〉에서와 같은 로맨스가 펼쳐지는 생활)이 시작되는 줄 알았는데, 전혀 그렇지 않았다. 나는 스스로를 더욱 허랑방탕한 무지렁이로 느꼈고, 울적했다.

학과에서 받은 충격 중에는 이런 것도 있었다. 친구들은 진작부터 장래 계획을 갖고 있었다. 누군가는 프랑스에 있는 무슨 경영 전문대학원을 가려는 계획의 일환으로 불문학과에 왔다고 했다. 거기에 불문학 학위가 도움이 된다기에 지원했으며 곧 복수 전공을 할 거라고도 했다. 여하튼 되는 대로 살아온 나는 입학 초기부터 여러 가지 문화 충격(?)을 받으면서 방황하기 시작했다. 자, 이제부터 미뤄 둔 책 이야기가 시작된다! 이때 나의 도피처가 바로 도서관이었다(너무 뻔한가!). 그리고 불문학도답게(?) '실존주의' 책들을 펼쳐 들었다.

고등학교 이과반 친구들이 취업이 잘 된다는 공대에 들어갈 때 혼자 불문학과에 지원했던 나는, 대학 과 동기들이 성실히 학점을 따고 사회생활을 준비할 때 그만 실존주의 책을 펼

치고 말았다. 그러고는 역시나 자석처럼 빨려 들었다. 자취생의 취약한 심장을 파고드는 강력한 사르트르, 코트 깃을 세우고 담배를 앙 하고 물게 만드는 카뮈…….

공부를 더 깊게 해 보자는 마음도 조금은 있었는데, 잘할 자신이 없었다. 뭔가 딱 이거다 하고 티를 낼 수 있기까지 상당한 시간을 수련해야 하는 일이 어린 나이에는 벅차게만 보였다. 당시 가장 좋아하던 일은 동아리방에서 선배들을 기다리며 담배를 피우거나 도서관에서 책을 보는 일이었다. 실제로 거의 예외 없이 그렇게 지낸 듯하다. 다시 고민이 생겼다. 학교에도 불만투성이고, 취업 준비를 하고 싶지도 않은데 앞으로 뭘 하고 살아야 하나, 어떻게 살아야 하나 싶었다.

그때 나는 월세 13만 원짜리 옥탑방에 살았다. 주택 수조 (노란 물통)를 넣으려고 지었다가 개조해서 임대한, 외풍이 방 안으로 아주 도도하게 불어닥치던 그런 옥탑방이었다. 외풍은 심지어 같이 살던 고양이에게서 빠진 털을 둥글게 굴리고 살살 치대서 눈사람처럼 만들어 놓았다. 어느 날 나는 그곳에서 어떻게 살아야 하나 하는 인생의 중요한 고민을 시작했다. 그러다 어느 순간 나는 생각을 비웠다. 단순히 내가 지금까지 어떻게 살았는지를 통해서 앞으로 어떻게 살지를 정하기로 했다. 그때 신기하게 눈에 띈 것이, 방 안에 나와 고양이, 밥솥과 작은 탁상 하나를 빼고는 유일하게 자리를 잡고 있던 책들이었다. 그리고 책들이 (더듬더듬이나마) 나에 대해 조금씩 설명을 해 주기 시작했다. 진규 너는 말이지……. 책은 내가 그때까지 인생의 주요 기점들을 모두 책과 함께 보냈다는 것을, 내가 늘 곁에 두려고 애썼던 것 하나가 친구들이었고, 다른 하나가 책이었다는 것을 알려 줬다. 그걸 깨닫게 된 나는 놀라운 결심을 했다. 책, 책 만드는 사람이 되자! 그중에서도 편집자가 되자!

*

인생에서 처음으로 구체적인 직업을 목표로 정했다. 편…… 집자. 그런데 편 하고 집 사이에 말줄임표가 자리할 만큼 편집자가 뭔지 몰랐고, 편집자로 취직하는 것도 역시나 취업인데, 취업 준비와는 담을 쌓고 살아온 터라 막막하기만 했다. 그 모든 막막한 기분을 내장한 채, 어느 날 불쑥 마포구 망원동의 한 출판사에 찾아갔다. 대학 졸업이 한 학기 남았지만, 목표를 정하고 나자 대학에서 빨리 벗어나고 싶은 마음뿐이라 어디든 무모하게라도 들어가고 보려는 생각이었다. 그런데 지나치게 무모했다. 나는 머리부터 발끝까지 막막한 모습으로, 약속도 없이 대표 혼자 일하고 있던 출판사 사무실에 들어가 간단히 몇 마디 인사를 한 후 "여기서 일하고 싶다"고 조르기 시작했다. 사장은 참 난처해 했다. 그런데 단호히 물리치지 않는 걸 보니 약간은 여지가 있다는 느낌이 들었다. 역시 예감은 틀리지 않았다. 조르고 조르다 집에 돌아왔는데 사장에게서 전화가 왔다. 얼마 후에 사무실로 다시 한 번 오라는 연락이었다. 그렇게 한 번 더 정식 면접을 봤다. 그날 저녁에 나는 술을 가득 얻어먹고 사장님이 벗어 놓은 신발에 구토를 쏟아 냈는데, 다행히 합격이 취소되지는 않았다. 드디어 첫 출판사에서 일을 시작했다.

이후 다섯 곳의 출판사에서 만 8년간 편집자로 일했다. 그리고 지금은 충북 옥천으로 이사해 '포도밭출판사'라는 이름을 내걸고 책을 만들고 있다. 이제 옥천에 오게 된 이유와 지역에서 책 만드는 일에 대해 이야기를 하려고 하는데, 그전에 내가 겪은 다섯 곳의 출판사 중에 네 번째로 다녔던 출판사 경험을 짧게 적어 보고 싶다.

이곳은 내가 다닌 회사 중에서 가장 규모가 큰 곳이었다. 직원은 50명 정도였다. 파주출판단지 내에 있었고, 외벽 대신 통유리로 마감된 건물이었다. 이곳에 입사할 때 나는 상당히 긴장한 상태였다. 그 전에 다니던 곳에서 갑작스레 해고됐던 게 그 까닭이었다. 갑작스런 해고를 겪고 나니 몸과 마음이 그렇게 위축될 수가 없었다. 자신감도 바닥으로 떨어지고 사소한 일에도 쉽게 겁을 먹거나 의기소침했다. 해고 이후 3개월 정도 방황을 하다가 입사 지원한 곳이 바로 저 네 번째 회사였다. 그래서 각오가 남달랐다. 이런 각오, 저런 각오가 따로 있지 않았다. 그때 내 각오는 하나, "살아남자"였다. 다시는 '짤리지' 않으리라 다짐했다. 실력을 키우든, 처세를 익히든, 여하튼 다시는 이 서글픈 시간을 겪지 않겠다고 마음먹었다.

당연히 일도 열심히 했다. 당시 내가 살던 곳은 서울에서 그나마 파주출판단지로 출퇴근하기가 수월하다는 합정동 부근이었는데, 그래도 출근하는 데 기본 소요 시간이 1시간가량은 됐으니 출퇴근길이 만만치 않았다. 그래도 나는 전 직원 중에서 출근을 일찍 하는 편이었다. 일찍 출근해서, 쉬지 않고 일하다가, 늦게 퇴근했다. 위에서 시키는 일이면 뭐든지 열과 성을 다하는 직원이고자 노력했다. 책을 잘 만들기보다 회사에서 인정받고 싶은 마음이 컸다. 지금은 그 시간들이 후회된다. 후회로 남은 일들은 여러 가지인데, 특히 두 가지 기억이 아직도 사무친다.

하나는, 입사 동기가 휴게실에 불려 가 상사에게 호되게 욕을 듣는 동안 나 몰라라 했던 기억이다. 난감하긴 했다. 호통치는 상사든 그에 맞서는 내 동료든 둘 다 한 성격 하는지라, 처음에는 엄청 크게 다투는 소리가 휴게실 문을 빠져나와 사무 공간에까지 울려 퍼졌다. 나도 곧 상황을 알아차렸지만 뭘 어떻게 나서야 할지 알지 못했다. 둘 사이 일의 발단은 뚜렷하게 알 수 없었다. 다만 분노를 주체하지 못하는 상사의 언성이 높아지다가 결국 동료에게 욕설을 뱉는 걸 듣고 말았다. 그런데 동료가 계속 맞서는 상황이었으면 모를까, 분위기는 갈수록 일방적으로 상사가 말단을 사정없이 두들기는 쪽으로 기울었다. 결국 동료는 울음을 터뜨렸다. 나는 이대로 두면 동료가 너무 큰 상처를 입겠다 싶어 안절부절못하면서도 막상 휴게실에 다가서지 못했다. 사무실 안의 주변 사람들도 마찬가지였다. 온 신경이 그쪽에 쏠려 있으면서도 아무도 나서지 못했다. 아니 관심을 두는 걸 보이는 것조차 조심스러워했다. 나 역시 태연히 업무에 집중하는 척했다. 나는 겁이 났다. 휴게실로 가서, 동료 옆에 서서, 함께 상사에 맞섰다가 나도 찍히면 어쩌나, 그랬다가 여기서도 '짤리면' 어쩌나 싶었다.

일방적인 언성의 세례는 조금 더 이어지다가 상사가 먼저 휴게실에서 나오면서 끝이 났다. 동료는 한참 눈물을 훔치다가 고개를 떨구며 터덜터덜 걸어 나왔다. 그리고 자리에 앉는 모습까지 모두가 숨죽인 채로 힐긋힐긋 쳐다보았다. 그런데 그런 동료에게 다가가서 말을 거는 사람은 아무도 없었다. 그러기도 잠깐, 이번에는 또 다른 상사가 동료를 호출했다. 동료는 깊은 한숨을 푹 내쉬더니 의자에서 몸을 일으켰고, 사무실의 다른 사람들은 그제야 자신의 컴퓨터 화면으로 눈을 돌렸다.

이 일은 내게 이래저래 충격이었다. 직원이 50명이나 되는 회사에서, 지켜보는 눈이 한둘이 아닌 곳에서, 사람을 저렇게 깔아뭉개도 되는 건가. 이제 막 신입으로 들어온 사람에게 쌓이고 쌓인 억하심정이 있을 리도 없고, 무슨 업무상 큰 실수를 저지를 시간도, 기회도 없었을 텐데 말이다. 상사라는 권력을 이용해 잡히는 대로 한 사람 쥐어짜는 것과 마찬가지이지 않나. 그 분위기가 흡사 군대에서 졸병 기강 잡는 것과 비슷했다.

또 하나의 충격은, 몸을 사리겠다는 본능에 충실하던 내 모습이었다. 사태의 앞뒤를 모르니까, 나서려면 사리 판단을 해야 한다고, 그래서 나서지 못한 거라고 나름 스스로에게 변명해 보기도 했다. 그런데 방금 사태는 분명 그런 판단의 범위를 뛰어넘는 것이었다. 그 정도면 일방적인 폭력이라고 말할 수 있는 수준이었지만 나도 그렇고 주변에 있는 누구도 나서지 않았다. 혹은 직장 생활이 원래 그런 것이지 하며 수긍하는 듯했다. 이 사건이 첫 번째 충격이었다.

두 번째 충격은, 내가 후배에게 한 행동에서 비롯됐다. 그곳에서 1년쯤 일한 뒤였나. 부서에 신입 편집자 한 명이 입사했다. 나는 면접에도 관여했던 터이고, 항상 막내 축이다가 처음 후배가 생기는지라 기대 반 걱정 반이었다. 새로 들어온 후배는 나와 한 팀이 됐다. 꼼꼼하고 야무진 친구였다. 그런데 몇 번인가 그 후배가 불필요하게 고집스럽다고 느꼈다. 워낙 바쁜 부서다 보니 손발이 착착 맞아야 일에 문제가 없는데, 후배는 온전히 자기에게 맡겨진 일은 잘 해내지만 손발을 맞추는 일에서는 문제를 일으키는 듯했다. 그러던 어느 날 그 친구가 맡은 일에서 작은 실수를 했다. 나는 후배를 옥상으로 불렀다. 추운 날에 차렷 자세를 시켜 놓고, 그 앞에서 담배를 뻑뻑 피면서 언성을 높였다. 그 친구가 엄청난 실수를 한 것도 아닌데, 사달 나기 전에 정신 똑바로 차리라는 호통을 쳤다.

나는 그렇게 후배에게 충격을 주었다. 그리고 스스로도 충격을 받았다. 그때부터 급격히 회사 일이 힘들어졌다. 모든 게 다 말이 안 된다고 느껴졌고, 그동안 보이지 않던 것들이 보였다. 말도 안 되는 출퇴근 시간, 말도 안 되는 업무량, 말도 안 되는 월급, 말도 안 되는 우리 일상, 그리고 말도 안 되게 만들어진 내 책들, 돈은 가시가 돼 사람을 찌르고 괴롭히는 나란 존재.

그리고 몇 개월을 더 버텼다. 당시 나는 노르웨이의 어느 고립된 시골 마을이 배경인 청소년 소설을 편집하고 있었다. 북유럽의 웅장한 자연과 시골 소녀의 고립감, 그리고 친구들과의 복잡한 감정이 아리게 묘사된 책이었다. 나는 점점 생각이 늘었다. 나 역시 어떤 고립감을 껴안고 지냈다. 어쩌면 이 책이 그곳에서의 마지막 작업일 수도 있겠다고 희미하게 생각하고 있었다. 하지만 쉽게 마음을 정하지 못했다. 곧 아이가 태어날 예정이었다. 출산일이 몇 개월밖에 안 남은 터라, 곧 어떤 일들이 있을지 알 수 없었고, 얼마나 많은 돈이 필요할지도 모르는 상황에서 회사를 그만둘 엄두가 나지 않았다. 그러던 중에 결정적으로 퇴사를 감행하게 만든 것은 당시 SBS에서 방송된 다큐멘터리 프로그램 〈최후의 툰드라〉였다.

*

벌써 대부분의 내용이 가물가물한데, 여전히 선명히 기억

나는 장면이 있다. 여섯 살 된 툰드라 유목민 아이가 자기 썰매를 끌고 자기와 짝지어진 순록을 훈련시키는 모습이었다. 이 아이들은 네 살 때부터 그렇게 한다고 했다. 내가 아는 네 살 난 아이들은 밥을 떠먹여 줘야 먹는데. 옷도 입혀 줘야 입고. 툰드라의 유목민 아이는 숫돌에 날을 세운 길쭉한 자기 칼로 생선살을 석석 베어 먹었다. 한편 이와 다른 이유로 강렬한 기억을 남긴 장면이 있었다. 그 아이가 유목지를 한 계절 동안 떠나면서 도시에 있는 학교에 처음 등교하는 모습이었다. 그들도 이제 제도식 학교 교육을 시작하여, 겨울과 여름에는 툰드라에서 유목 생활을 하며 지내지만, 가을과 봄에는 도시에 있는 기숙학교에 다닌다고 했다. 그런데 툰드라의 드넓은 설원에서 순록들을 호령하던 여섯 살 난 아이가 도시의 학교에 들어서자마자 아무것도 혼자 힘으로 할 줄 모르는 무지렁이가 돼 버렸다. 한 번도 부모에게 떼를 부리지 않고 의젓하던 아이가 갑자기 '엄마가 보고 싶다'며 울기 시작해 그칠 줄을 몰랐다. 옷도 혼자 못 입는다고 하고, 혼자 몸을 씻지도 못했다. 아이는 툰드라에서와 정반대로 변해 버렸다. 단 몇 시간 만에.

그 장면을 보는데 순간 무참한 기분이 들었다. 아마 곧 태어날 아이를 생각해서 더 그랬던 것 같다. 우리는 벌써 몸과 마음의 감각을 상당 부분 상실하고 사는 게 아닐까. 학교든 회사든, 이 감옥 같은 곳에 의존해서 무슨 꿈을 꾸고 있는 걸까. 그런 생각에 격렬하게 사로잡혔다. 바로 그날 저녁에 아내에게 회사를 그만두고 싶다고 말했다. 아이 낳기 며칠 전이었다. 그리고 아이의 탄생과 동시에 회사를 그만두었다.

덕분에 아내의 산후 몸조리 기간에 육아를 좀 더 거들 수 있었다. 3개월간 육아와 집안일을 도맡아 하면서, 마침 필요할 때 회사를 그만두고 백수가 되길 잘했다는 칭찬도 들었다. 하지만 나는 그새 마음이 좀 변하고 있었다. 설원에서 온몸의 감각을 깨워 순록을 호령하는 아이를 동경하던 내 마음은 3개월간 '빡세게' 집안일을 하고 났더니 다시 회사에 다니고 싶다는 마음으로 (간사하게) 변하고 있었다. 그리고 역시나 생활비가 턱없이 부족했다. 둘 다 아무 일도 하지 않고 3개월을 지냈더니 통장이 메말라 버렸다. 그래서 결국 다섯 번째 회사에 들어갔다. 격렬한 심정으로 사직을 했던 것에 비해 결과가 우습지만, 내가 할 수 있는 선택이 많지 않았다.

다섯 번째 회사는 1년 반가량 다니다 그만두었다. 이번에는 퇴사는 (자주 해 본 거라) 성이 차지 않았던지 아예 이주를 결심했다. 서울을 떠나 충북 옥천으로 옮겼다. 그러나 이번 결정은 예전처럼 충동적으로만 저지른 것이 아니라 시간을 두고 찬찬히 고민하고 여러모로 가능성을 따져서 감행했다.

창업과 이주를 동시에 결심한 것은 우연이 아니다. 먼저 창업에 대해 이야기하자면, 다섯 곳의 출판사를 다니면서 직장 생활이란 것에 이미 많이 지쳐 있었다. 직장 생활이 누구에겐들 상쾌하고 보람차기만 할까. 하지만 마음속에 가득한 회의

감이 도통 떨쳐지질 않았다. 가장 힘든 점은 내가 만드는 책과 나의 업무가 전혀 유기적이지 못한 것이었다. 나아가 삶과 일이 유기적이지 못하고 따로따로인 점도 힘들었다. 오해가 있을지도 모르겠는데, 나는 일은 일이고 생활은 생활이라고 명확히 구분하는 쪽이 마땅하다고 생각한다. 그건 업무가 삶에 침범하지 못하도록 하는 장치가 돼 준다. 하지만 이와 별개로 삶과 일이 유기적이지 못한 것은 분명 사람을 힘 빠지게 만든다.

　　나는 산업화된 출판 일에 종사하면서도 여전히 그런 바람을 가지고 있었다. 삶과 일의 유기적 관계가 잘 맺어지기를 바랐다. 이것이 가장 극단적으로 배반될 때는 실무자로서 아무런 매력도 공감도 없는 원고를 단지 사장이나 상사의 일방적인 지시로 만들고 있을 때다. 그리고 심지어 기획 단계에서는 물론 세부적인 진행에서도 자기 의견을 반영할 기회조차 없을 때다. 나는 이럴 때 특히 미쳐 버리고 싶을 만큼 괴로웠다. 나 자신을 아무리 비틀고 꼬고 뭉개서 당장 눈앞의 업무를 해내도록 가공하더라도, 그건 응급 처방의 효과처럼 임시적일 뿐 책 작업 전반의 질이 뚝 떨어지는 것을 막아 주지 못했다. 하기 싫은 일, 조금이라도 개인적으로 기대할 구석이 없는 일에 힘을 쏟다 보면 보도 자료 작성을 마치고 책을 세상에 내보낼 때쯤에는 온갖 정이 뚝 떨어져서 책을 쳐다보기조차 싫었다. 나는 언젠가부터 자연스레 이런 상황을 타개할 방도를 고민하기 시작했다.

하기 싫은 일을 안 할 방법은 뭘까, 만들기 싫은 책을 피할 방법은 없을까. 그렇다고 단지 이런 차원에서만 고민한 것은 아니다. 책을 만드는 일이, 독자 혹은 그것으로 사업을 하는 경영자 이전에 그것을 만드는 노동자에게도 뿌듯하길 바라는 마음이 있었다. 노동이 노동자 자신의 삶에 긍정적인 영향을 주려면 무엇이 필요할까. 노동자에게는 무엇이 있어야 하는가. 내 생각에 그중 첫째는 '노동조합'이었다. 그리고 다른 선택지는 나의 미약한 결론이지만, '실업'이었다.

그래서 결국 다섯 곳의 회사를 그만두었다는 것이 이 허랑 방탕한 이야기의 결론이다. 실업을 하고 나는 앞서 적었듯이 충북 옥천으로 이사 와서 책을 만들고 있다. '포도밭출판사'라는 곳을 만들었는데 내 안에 무슨 유행하는 말로 '창업 에너지'가 있어서 그런 것은 결코 아니다. 나는 이전에 다니던 회사들에서 보고 배운 것과는 다른 방식으로 책을 만드는 일을, 나아가 지역 출판의 비전을 실험하고 싶었다.

*

출판사 이름에 대한 설명을 하자면, 포도밭출판사라는 이름은 아내와 대화를 하다가 몇 마디 만에 지었다.

"충북 옥천에서 시작할 지역 출판사 이름으로 뭐가 좋을까……."

"포도밭출판사 어때?"

"아, 옥천 하면 포도니까? 좋다, 포도밭!"

이렇게 손쉽게(?) 이름을 지었다. 한편 이런 의미도 있다. 내가 마지막으로 다니던 회사에서 계약한 책 중 하나가 이반 일리치가 쓴 《In the Vineyard of the Text(텍스트의 포도밭에서)》였다. 그 책에서 접한 포도밭의 비유가 너무나 아름답고 인상적이었다. 독서와 포도밭을 거니는 일의 유사성을 밝히는 내용도 있었던 터라 '포도밭'이라는 이름이 더욱 마음에 들었다.

포도밭출판사는 저자 인세를 20퍼센트로 하고 있다. 역자 인세는 저작권이 풀린 퍼블릭 도메인의 경우 저자와 똑같이 20퍼센트이고, 저작권이 있고 선인세를 내는 경우 역자 인세를 15퍼센트로 한다. 포도밭출판사 책들은 나와 아내가 편집과 디자인을 도맡고 있으며, 사무실 없이 집에서 작업을 하기 때문에 이래저래 서울의 출판사들에 비해 관리운영비가 적은 편이다. 대신 그로 인한 이익을 저자, 역자와 나누자는 생각에서 인세를 그렇게 정했다. 이것이 대단하다고는 생각하지 않는다(사실 저자, 역자에게 드리는 액수가 대단하지도 않다). 다만 조금 작은 규모로, 조금 느리게 일하면서도 서로가 만족할 수 있는 방식은 적은 수익이나마 되도록 더 나누는 것이라고 생각해서 시작한 방침이다.

포도판출판사의 또 하나의 특징은 지역 출판 방식을 고민하고 실험한다는 점이다. 중앙의 유통, 중앙의 서점들에 출시

할 타이틀보다 옥천에서 옥천 사람들과 읽을 수 있는 책을 먼저 고민한다. '옥천순환경제공동체'라는 지역사회공동체가 펴내는 지역 잡지 《시시콜콜 시골잡지: 옥천사람들+》를 힘을 보태 만들고 있고, 지역의 중학교에서 내는 문집을 편집하고 디자인 하는 일에도 참여한다. 이런 일들은 관계망을 쌓게 해 준다. 그런데 이런 관계망은 '북클럽' 같은 성격과는 조금 다르다. 책이 나오면 읽어 주고, 좋다 나쁘다 평가해 주고, 좋으면 소문내 주는 정도가 아니라 책을 내기도 훨씬 전부터 어떤 주제의 책이며 어떻게 써지고 있는지까지 전부 살펴봐 주는 밀접한 관계를 맺는다. 포도밭출판사의 기획 목록은 동네 주민 분들도 속속들이 알고 있다. 딸과 같은 어린이집에 다니는 아이 부모님도 우연히 그 이야기를 들었다고(기획 목록 이야기 말이다) 인사해 주시고, 어린이집 버스 기사님도 "아, 다음 책 기대하고 있습니다"라고 말씀해 주신다. 자주 가는 슈퍼마켓 주인 어르신은 책 잘 만들라고 하면서 귤도 주시고 감도 주신다. 심지어 한번은 길을 걷고 있는데 지나가던 차가 옆에 멈춰서더니 창문이 스르르 내려가고 곧이어 운전자가 이렇게 말했다.

"출판사 하신다면서요? 제가 내고 싶은 책이 있는데 시간 되시면 잠깐 저랑 이야기 좀 해요. 가시는 길 태워드릴게요."

혹시 이 이야기를 읽으며 소소한 수준이라고 비웃는 독자가 있을지도 모르겠다. 그런데 전혀 그렇지 않다. 나는 지금 이곳에서 맺고 있는 관계들이 결코 쉽게 무너지지 않으리라고 믿는다. 중앙의 거대 유통, 거대 서점은 오히려 하루아침에라도 무너질 수 있지만 이 끈끈하고 촘촘한 관계는 더 강력하고 오래 버틸 힘이 된다는 것을 알고 있다. 그래서 포도밭출판사의 목표는 어떤 거창함도 없이 이런 것이다.

"포도밭출판사에서 내는 책을 동네 분들이 보고 기뻐해 주면 좋겠다."

그리고 동네 분들을 만족시킨다는 게 쉬운 일이 아니다. 까다롭고 날카로운 독자들이다. 그래서 지금도 열심히 일해야 한다. 이런 스트레스는 기분이 좋다.

대나무 숲 속 귀족들?

황현주
프리랜서 편집자

나는 제목만 대면 알 만한 베스트셀러나 문제작을 편집한 것
도 아니고, 명망 높은 저자와 긴밀한 인연을 이어 가고 있는 것
도 아니며, 회사를 그만두면 여기저기서 스카우트 전화가 걸려
오는 유능한 직원도 아니었다. 그저 10년 넘게 보부상처럼 출
판사를 이곳저곳 옮겨 다니며 청소년 도서, 문학서, 철학서, 경
제경영서, 예술서 등 분야를 가리지 않고 닥치는 대로 책을 만
들었다. 할 줄 아는 일이 편집 일밖에 없었던 터라 업계를 떠나
지 못하다가 어느새 마흔이 됐다. 그리고 지금은 소속된 곳 없
이 프리랜서 편집자로 일하고 있다.

　이런 내가 뭘 이야기한단 말인가. '모범이 될 만한 성공 사
례도, 드라마틱한 무용담도 없는, 시행착오의 연속일 뿐인 내

편집자 생활이 기록으로 남을 가치가 있나?' 하는 의문이 들었다. 하지만 나의 평범하다 못해 흔해 빠진 경험 속에서 느낀 점들을 이야기하는 것에도 나름의 의미가 있으리라 생각했다.

처음엔 똑똑하고 진보적인 사람들이 많다는 출판계에 왜 노동조합이 보편화되지 못하나 하는 내 오랜 궁금증에 대해서 볼까 싶었다. 물론 노동조합이 '절대 선(善)'이라고 생각하진 않는다. 그러나 개인이 구조적 문제를 해결할 수 있는 범위는 지극히 제한적이다. 개별 문제로 접근해서 해결된 사례가 몇이나 되겠는가. 노동조합은 최소한의 시스템을 구축한다는 의미에서 중요하다. 이 업계에서 회사나 힘을 가진 개인에게 선의를 기대하는 건 내 경험상 과한 욕심이다. 출판계 내에서도 편집자들은 유독 노동의 가치 등을 다룬 텍스트를 자주 접하기 마련이다. 그럼에도 불구하고 이른바 '노동자 마인드'가 아닌 '경영자 마인드'를 지닌 사람이 적지 않다는 사실이 나는 늘 의아했다. 어째서 고용된 노동자이면서도 스스로의 위치가 아닌 회사의 가치, 경영자의 논리를 내면화한 개인들이 이렇게나 많은가. 마님이 머슴에게 쌀밥을 주는 이유는 알겠는데, 머슴이 주인 걱정하는 이유는 당최 모르겠다 싶었다.

*

'경영자 마인드'는 이른바 '주인 의식'과는 엄연히 다르다

171

는 것이 내 생각이다. 5인 미만의 영세 업체가 많은 출판계에서 직원으로서의 책임감을 갖고 일하는 '주인 의식'은 물론 중요하다. 더불어 모든 경영자가 악도 아니고, 사장 또한 다른 의미의 고민 많은 노동자에 불과한 경우도 흔하다. 그럼에도 불구하고 회사와 자신을 쉽게 일체화하는 것은 위험한 일이다. 기본 조건이 열악한 출판계에선 "상황을 감안해 일단 어느 정도는 참자"는 노동자들의 태도가 횡행한다. 이보다 더 위험한 건 "어차피 이 업계가 이렇다는 건 우리 모두 겪어 봐서 알지 않나. 힘든 점들은 각자 알아서 조절해 나가는 게 이 직업의 윤리"라는 식의 태도다. 편집이 원체 가내수공업의 성향을 갖고 있고 장인 정신이 필요한 종류의 일인 게 사실이지만, 그것을 '주인 의식'이나 '프로 정신'이라는 미명으로 악용하는 고용주들과 이를 모르는 척, 사려 깊은 척 침묵하는 직원들이 너무 많다.

여직원 성추행 사건이 공개된 뒤 C 출판사 임직원이 보인 이해하기 힘든 대응 양상도 '회사는 곧 나'라는 생각에서 비롯됐을 것이다. 이건 결코 '주인 의식'이 아니다. 비뚤어진 사내 문화와 경영자의 잘못을 질타하는데 왜 그걸 직원 개개인에 대한 비난으로 받아들이는가. 그들에게 남자와 여자, 간부와 평직원 여부를 떠나 밥벌이의 고단함을 함께하는 '노동자'로서의 기본적인 연대 의식 같은 걸 바라는 건 과욕이란 말인가. 조직의 도덕성을 가늠하는 현실적 잣대는 조직 구성원 개개인의 양심이나 신념이 아니라, 그 조직에 존재하는 규제와 규범이다. 그간 법출판계 차원에서 위계에 의한 성폭력에 대한 정식 규제나 논의가 있었더라면, 업계 내부의 질타와 징계가 두려워서라도 C 출판사가 이런 적반하장식 대응을 할 수는 없었을 것이다. 지난날의 나 또한 회식 자리에서 어린 후배 여직원들에게 사장님 옆엔 누가 앉고, 주간님 앞엔 누가 앉으라며 일일이 지정해 주는 상사(여자였다)를 보며 속으로만 분노했을 뿐, 그건 명백한 성희롱이라며 대놓고 항의하지 못했던 사람이었다. 그런 지난날에 대한 수치심과 사죄의 마음 또한 지금 이 글을 쓰게 된 이유 중 하나다.

　좋은 책을 만들어야 한다고 믿는 사람들이 '노동'에 대해 이처럼 이중적인 태도를 보이는 이유는 뭘까. 편집자들 중에는 스스로 '가난한 귀족'이라 자조할 만큼 취향이 섬세하고 세련된 사람이 많은데, 자신의 노동 환경에 대한 의식만큼은 촌스럽고 단순한 경우가 왕왕 있다. 이 괴리를 어떻게 이해해야 할까. 나만 해도 근로기준법에 대해 정말 무지했다. 그 어디에서도 배우거나 설명을 들은 적이 없었다. 그런 나 자신이 답답해 노동법 관련 교양서도 읽어 봤으나 여전히 잘 모르는 것투성이다. 각각 어떤 대처를 하든 간에, 내 월급명세서에 기본적으로 어떤 조항들이 명시돼야 하는지, 근로계약서와 연봉계약서는 뭐가 다른 건지, 시간 외 근무수당 같은 건 어떻게 산정되는지 우선 알아야 할 것 아닌가. 최근 영미권 문단의 트렌드나 올해의 SERI 추천도서를 아는 것만큼 노동자의 권리를 숙지하는 것도 중요하지 않겠는가.

전직 편집자이자 현재 팟캐스트 〈뫼비우스의 띠지〉의 진행자이자, 온라인 서점 MD인 박태근 씨는 어느 신문과의 인터뷰에서 이런 말을 한 적이 있다.

"이 업계에서 '노동자성'이 잘 드러나지 않는 이유 중 하나는 '책'이라는 결과물에 모든 것이 수렴되기 때문이다. 문제가 일어난 당시에는 부당하다 느꼈을지라도, 책이 나오고 나면 그것들을 모두 통과의례처럼 여기고 추억처럼 생각한다. 하지만 업무를 분절해서 보면 문제가 한두 가지가 아니다."

날카로운 지적이라고 생각한다.

그러나 노동조합에 대해 본격적으로 이야기하려면 업계 전반에 걸쳐 먼저 살피고 언급해야 할 것들이 너무 많다. 몇 번의 시도 끝에, 그건 내가 지금 언급하기엔 버거운 주제임을 여실히 느꼈다. 그나마 요즘은 전국언론노동조합 서울경기지역 출판지부의 활동도 활발하고, 트위터 같은 SNS나 팟캐스트 등에서도 출판노동에 대한 의견들이 전보다 활발하게 개진되고 있어 반가울 뿐이다. 나는 그런 걸 바라기만 했을 뿐, 스스로 나서서 시도하지는 못한 부끄러운 사람들 중 하나이기 때문이다.

*

내 개인적인 이야기를 좀 더 해 보자면, 나는 1999년 3월에 대학을 졸업하고 그해 5월 1일 노동절에 인생 첫 출근을 했다. 그런데 내가 신입이던 당시에도 지금처럼 출판은 단군 이래 최대 불황이었고, 사양 산업이었으며, 도소매 업체와의 문제로 시끄러웠고, 전자책이 화두였으며, 서점들은 사라지고 있었다. IMF의 삭풍이 아직 가시지 않은 그때, 독문학과를 졸업하고 이제 어떻게 먹고사나 걱정하고 있는데, 내 리포트를 좋게 봐 준 대학 시절 은사에게서 전화가 왔다. 자신이 외서 카탈로그나 서평 번역을 도와주고 있는 D 출판사에서 경력 편집자를 찾고 있는데, 비록 경력이 없지만 그래도 관심 있으면 도전해 보라는 이야기였다. 중·고등학교는 물론 대학 때도 학보사 일이나 교지 편집 같은 건 해 본 적이 없고, 단행본 편집이란 게 어떤 일인지 감조차 없던 나였다.

출판사라는 곳은 내가 경외하는 책을 만드는 곳이었고, 따라서 그곳은 많이 배운 사람들만 다닐 수 있으리라 생각했다. 그런데 나보고 출판사 면접을 보라니. 면접 자리에서 무슨 객기 어린 소리를 지껄였는지 지금은 기억나지 않는다. 편집자로 살며 무수히 많은 면접을 경험했지만(이전 회사의 내부 상황을 꼬치꼬치 캐묻는다거나, 사생활을 필요 이상 궁금해 하는 등, 내가 겪은 온갖 무례하고 우습고 비상식적인 출판사 면접 사례만으로도 이 글 분량의 절반은 채울 수 있을 것 같다), 그때만큼 뭣도 모르고 떠든 적은 없을 것이다. 아무튼 내가 그 면접을 통과했으니, 출판사에 똑똑한 사람만 다닌다는 건 헛소리라는 게 입증된 셈이다.

출판계 1세대 원로인 D 출판사 사장은 학부 졸업이 경력의 전부인 나를 탐탁해 하지 않았다. 그러나 아무것도 모르는 나를 가르쳐 가며 함께 일할 만하다고 판단해 준 당시 편집장 덕분에 나는 출판계에 발을 디딜 수 있었다. 새삼 고맙다. 내가 선배 입장이 돼 보니 가르치면서 일을 함께한다는 건 생각만큼 쉽지 않기 때문이다. 알다시피, 신입에게 일을 가르치는 것보다 직접 하는 게 단기적으로는 늘 더 빠르고 효율적이다. 게다가 편집부의 보편적인 업무 강도를 고려할 때 자기 업무를 병행하면서 신입 직원 교육 시간을 내기란 쉽지 않은 일이고, 이직률이 높은 업계다 보니 그렇게 가르친 직원이 언제 다른 회사로 떠날지도 모를 일이다. 그러니 다들 구인 과정에서 웬만큼 업무에 익숙해 일은 많이 시킬 수 있으면서도 연봉 부담은 적은 2~3년차 경력자만 줄곧 원하는 것이다. 그 결과 일을 제대로 배운 사람은 자꾸 줄어들고, 일찌감치 과로로 소진된 편집자만 늘어난다.

여하튼 사수에게 내 자기소개서의 비문과 띄어쓰기 오류를 지적받는 것으로 나의 편집자 인생은 시작됐다. 예상과 달리 나를 붙들고 편집의 기초부터 가르쳐 주는 사람은 없었다. 원고 한 뭉텅이를 주더니 빨간 펜으로 고치고 싶은 만큼 고치고, 모르는 건 찾아보거나 질문하라는 게 전부였다. 그때부터 어깨 너머로 알아서(사실은 눈치껏) 배우는 습관이 생긴 듯하다. 물론 나는 한 번도 겪어 보지 못했지만, 당시에도 체계적인 신입 편집자 교육시스템을 갖춘 출판사가 있었을 것이다. 편집장까지 포함해 인원이 총 네 명이었던 D 출판사 편집부에서 나는 사수에게 '하시라', '미다시', '도비라', '하리꼬미', '도무송' 같은 듣도 보도 못한 일본식 편집 용어와 책의 제작 과정에 대해 주로 물어봤다.

교정 교열을 거치지 않은 번역 원고를 처음 접했을 때의 충격은 지금도 잊지 못한다. 소비문화를 다룬 영미권 사회과학서였는데, 교수인 번역자가 아무래도 대학원생에게 번역을 맡긴 듯했다. 그게 아니라 직접 한 거라면 그 번역자는 학자로서 자격이 없는 사람이었다. 초짜인 내 눈에도 납득이 되지 않는 상태의 문장들이었다. 그때까지 나는 번역 원고나 집필 원고의 초본은 완성된 단행본과 크게 다르지 않을 거라 믿는 순진한 독자였다. 그러나 이제 투덜거릴 권리를 지닌 '독자'가 아닌 개선시킬 의무를 지닌 '편집자'가 돼야 했다. 도저히 견적이 나오지 않는 악성 원고였지만 여러 현실적인 이유로 재번역은 이루어지지 않았다. 그때나 지금이나 편집자는 오역을 찾아내거나 더 나은 문장으로 수정은 할 수 있을지언정 엉터리 원고를 새로 쓰거나 번역할 수는 없다. 또 그래서도 안 된다고 믿는다. 물론 나와 다르게 생각하는 편집자도 많이 봤다. 이건 심도 있는 논의가 필요한 사안이라 생각한다.

조금 결이 다른 이야기이지만, 교정 교열을 하다 보면 '적

정선'에 대한 고민이 늘 뒤따른다. 많이 고치면 글은 매끄러워지지만 저자 고유의 문체는 사라지기 마련이다. 편집자는 '가독성'을 으뜸 가치로 놓고 고칠 수 있는 한 원고를 최대한 많이 고쳐야 한다는 주장에는 선뜻 동의하기 어렵다. 번역서의 경우도 많이 다르진 않다고 본다. 번역자가 책의 전체적인 분위기를 파악하고 어떻게 옮겨야 그 분위기를 전달할 수 있는지 고민한 끝에 선택한 문장들은 기본적으로 존중돼야 한다. 그럴 능력이 안 되는 번역자에게 작업을 의뢰했다면, 일정이나 비용 등의 피치 못할 이유가 있었다 하더라도 그 또한 결국 편집자, 아니 그런 피치 못할 이유로 작업을 맡긴 쪽의 잘못이다.

각설하고, 편집자가 손댈 수 있는 정도를 넘어선 수준이었던 그 원고가 오역이 제대로 해결되지 못한 상태로 출간됐을 때, 내가 책에 대해 갖고 있던 환상은 깨졌다. 그 책은 버젓이 신문 서평도 받았다. 그저 내가 쥐어짜 낸 보도 자료의 몇 구절이 인용돼 있을 뿐, 오역이나 편집에 대한 지적은 없었다. 그런 서평이 실린 신문을 스크랩하며 편집 초짜인 나의 냉소는 커져만 갔다.

.

*

내가 편집자로 살며 끊임없이 다짐해 온 것 중 하나가, 쉽게 냉소하지 말자는 것이다. 냉소에 빠져 비아냥대는 건 너무

쉽고 별 도움도 안 되기 때문이다. 정말 어렵고 중요한 건 '이 바닥이 다 그렇지 뭐' 같은 허무나 자조에도 불구하고 자신이 맡은 원고에 애정을(그게 힘들다면 최소한의 직업윤리에 기반한 책임감이라도) 쏟을 줄 아는 능력이다. 나는 출판계 사람들과 교류가 활발한 편이 아니다 보니, 다른 편집자들은 무슨 생각을 하며 사는지 늘 궁금하다. 그래서 내 트위터 팔로잉 목록의 절반은 편집자들로 채워져 있다. 편집자들의 트윗엔 과중한 업무, 부박한 출판문화에 대한 탄식과 불평도 많지만, 자신이 편집 중인 책에 대한 기대와 걱정, 숨길 수 없는 애착도 자주 등장한다. 이들이 출판계의 고질적인 문제들을 모르지는 않을 것이다. 냉소를 넘어 그다음 단계를 향해 뚜벅뚜벅 걸어가는 이들이야말로 그 어떤 스타 편집자보다 존경스럽다.

그렇게 첫 직장에서 편집의 기초를 배우고 이 일의 재미와 보람도 조금씩 느껴 가던 3년째 해에 내 몸엔 두드러기가 번지고 생리 불순이 여러 달 지속됐다. 산부인과와 피부과 의사는 스트레스성 증상이니 눈치껏 일하라 했지만, 새로 바뀐 편집장의 업무 방식에 적응하는 문제, 반복된 야근 등으로 인해 나는 점점 더 지쳐 갔다. 결국 회사를 그만두고 몇 개월 쉬며 몸을 추스른 후 두 번째 출판사에 입사했는데, 그곳에서 내 평생의 첫 주5일 근무를 경험하고는 좋아서 날아갈 것만 같았다. 토요일에 출근하지 않는다는 그 사실 하나가 내 일상의 많은 것들을 달라지게 했다. 지금은 무척 자연스러운 일로 받아들여지는

주5일제이지만, 2002년 당시만 해도 시행하는 출판사가 많지 않았다. 그러나 지금도 내 친정처럼 생각하는 두 번째 직장 E 출판사에서 나는 원하던 만큼 오래 근무하지 못했다. 동료 직원에게 좋아한다는 고백을 했다가 거절당했는데, 작은 회사에서 매일 어색하게 얼굴을 마주치려니 죽을 맛이었다. 결국 그곳을 그만둔 이후 나는 꽤 여러 출판사를 전전했다. 물론 이처럼 회사를 자주 옮겨 다닌 게 자랑은 아니다. 나도 그러고 싶지 않았다. 회사를 옮긴다는 건 그 누구보다 나 자신에게 가장 큰 스트레스니까. 그러나 사는 곳이 따뜻하다면 누구든 텃새가 되려 하지 결코 철새로 살길 원하진 않을 거라는 말만은 하고 싶다.

*

이직 이야기가 나온 김에 외주 문제도 언급해 보련다. 편집자들은 이직률이 높다 보니 자의 반, 타의 반으로 언제든 외주 편집자가 될 수 있는 환경에 놓여 있다. 하지만 외주편집비 문제는 여전히 '고양이 목에 방울 달기'처럼 여겨진다. 편집자라면 누구나 현재의 외주편집비 단가와 지급 방식에 문제가 있다는 걸 알지만, 출판사에 재직 중일 때는 나서서 단가 인상을 주장하기 힘들다. 그러나 사내 편집자가 원고의 난이도나 특정에 따라 합리적인 외주편집비 규정이 마련되도록 힘쓰는 것은 언제 외주편집자가 될지 모를 미래의 나 자신을 위한 일이기도 하다.

소규모 출판사 편집장 중엔 30대 초반도 꽤 있다. 편집 일에 경력이 전부가 아님을 인정하고, 과감하게 권한을 주어 젊은 조직을 일궈 나가는 건 바람직한 일이다. 그러나 이런 현상의 배후에는 열악한 대우와 소진을 초래하는 과로로 인해 직원들의 평균 재직 기간이 짧고, 오래 일한 사람들을 제대로 인정해 주지 않으며, 출산이나 육아를 이유로 정리되는 직원이 많다는 업계 현실도 분명 존재한다. 업계 재직자의 평균 연령이 이처럼 젊다는 건, 일찌감치 외주자의 길로 들어서게 되는 사람도 많을 수밖에 없다는 이야기가 된다. 때문에 10여 년째 요지부동인 외주 작업비를 현실화하고 이를 정착시키는 건 그 어떤 출판 정책 못지않게 중요하고 시급하다. 책 출간이 미뤄지면 작업비 결제도 마냥 늦어지는 관행 또한 마찬가지다. 사장들 머리에 외주자들의 작업비는 가장 마지막까지 지급을 미뤄도 된다는 생각을 심은 건 대체 누구인가. 이런 이야기를 꺼내면 "출판계는 요즘 너무 힘들다. 아직 그럴 여유가 없다"는 반응이 자동반사처럼 나온다. 아직이라고? 그렇다면 언제까지 기다려야 하는가? 권리는 여유의 산물도, 성과의 분배도 결코 아니다. 게다가 내 경험상 다른 출판사들보다 외주편집비를 합리적으로 주는 곳들이 모두 대형 출판사인 것도 아니다. 이는 외주편집비 현실화가 그저 경영자의 상식과 의지의 문제일 수 있다는 이야기다.

　모두가 다 아는 명백한 문제점들이 마치 존재하지 않는 것처럼 행동하진 말자. 10년 넘게 일하며 출판계는 거대한 대나무 숲 같다는 생각을 종종 했다. 문제가 생기면 일단 쉬쉬 하고 보는 분위기, 공론화되기보단 술자리 뒷담화로만 소비되는 경험들……. 뒷담화에 머물러선 아무것도 해결되지 못한다. 공론의 장은 결국 우리 각자가 만들어 갈 수밖에 없다. 이 업계의 경영자들이 "이 정도면 과거에 비해 대접받는 거"라는 말을 쉽게 할 수 없도록, 나 자신을 포함해 편집자라는 사람들이 좀 더 까다로운 존재가 됐으면 좋겠다. 텍스트 앞에서 세상 그 누구보다 깐깐해지듯, 우리의 노동 환경 앞에서도 그렇게.

2015 출판노동 실태조사 보고서

실태조사 개요

실태조사 목적과 취지

이 실태조사는 전국언론노동조합 출판노동조합협의회의 사업 가운데 하나로, 그간 객관적 지표 없이 소문에만 의존해 짐작해야만 했던 출판노동의 실태를 명확하게 파악하기 위해 기획했다. 출판노조협의회의 각 지부/분회(그린비출판사분회, 나라말분회, 돌베개분회, 보리분회, 사계절출판사분회, 서울경기지역 출판지부, 작은책분회, 창비지부, 한겨레출판분회)에서 모인 10명의 조합원이 실태조사위원회를 구성해, 2014년 5월부터 문항을 설계하고 홍보를 기획하며 활동을 이어 왔다. 실태조사위원회는 출판노동자들이 자신의 권리를 제대로 누리고 정당한 조건에서 일하는가를 알아보기 위해 근로기준법을 비롯해 노동법을 중심으로 문항을 구성했다. 객관적 수치로 드러난 실태조사 결과를 바탕으로, 앞으로 출판노조 사업에 반영해 열악한 면부터 개선해 나가려 한다.

실태조사 문항 구성

실태조사의 문항은 '기본 정보', '근로계약', '근속과 이직', '임금', '근로시간과 강도', '휴가', '직장 내 성평등 환경 몇 성폭력 대응', '일·가정 양립 지원', '노동조합', '그 밖의 설문'으로 분류해, 딸림 설문까지 63개의 문항으로 구성했고, 좀 더 상세한 사례를 알아보기 위한 서술형 문항도 5개 포함했다.

실태조사 방법
구글독스를 이용한 온라인 설문으로 진행했다.

실태조사 기간
2014년 8월 25일부터 10월 31일까지 실태조사를 진행했다.

실태조사 대상, 표본 수
출판사에 재직 중인 출판노동자 514명이 실태조사에 응했다. 이 가운데 이번 출판노동 실태조사 대상에 해당하지 않는 외주노동자 혹은 사용자라는 응답과 중복 집계된 응답을 제외한 501건의 응답을 실태조사 분석의 표본으로 삼았음을 밝힌다.

자료 처리
설문을 통해 수집한 데이터는 오류를 검토한 뒤 SPSS 사회과학 통계프로그램으로 처리했다. 질문 성격에 따라 빈도분석, 교차분석을 했다. 이 실태조사는 신뢰 수준 95%에 표본오차는 ±4.6%다.

1. 기본 정보

경력

당신은 몇 년 차 출판노동자인가요?

전체 501명의 응답 가운데, 1년 차 11.2%(56명), 2년 차 9.8%(49명), 3년 차 13.0%(65명), 4년 차 10.6%(53명), 5년 차 8.4%(42명)로, 경력 5년의 응답이 절반을 넘는다 (53.0%, 265명). 실태조사에 참가한 경력 6년 차 이상의 응답자 수는 조금씩 적게 나타났다. 6년 차 7.4%(37명), 7년 차 9.2%(46명), 8년 차 7.2%(36명), 9년 차 4.4%(22명), 10년 차 5.0%(25명) 등의 분포를 보인다. 실태조사에 참가한 이 가운데 가장 높은 경력은 24년 차다. 실제 설문 분석에서는 응답자의 수와 현실적인 요소를 감안해, '1년', '2년', '3년', '4년', '5~6년', '7~9년', '10~14년', '15년 이상'으로 구간을 나누어 분석했다.

	수	백분율
1년	56	11.2%
2년	49	9.8%
3년	65	13.0%
4년	53	10.6%
5년	42	8.4%
6년	37	7.4%
7년	46	9.2%
8년	36	7.2%
9년	22	4.4%
10년	25	5.0%
11년	17	3.4%
12년	15	3.0%
13년	10	2.0%
14년	5	1.0%
15년	10	2.0%
16년	2	0.4%
17년	2	0.4%
18년	2	0.4%
19년	2	0.4%
20년	1	0.2%
22년	1	0.2%
23년	2	0.4%
24년	1	0.2%
합	501	100.0%

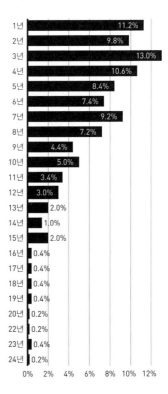

업무

현재 당신이 회사에서 주로 처리하는 업무는 무엇인가요?

주 업무 분야로 보면 다음과 같다. '편집·기획' 67.2%(337명), '디자인' 15.0%(75명), '영업·마케팅'은 12.4%(62명)이고, 그 외에 '회계', '관리', '제작' 등은 5.4%(27명)이라 응답했다.

	수	백분율
편집 · 기획	337	67.2%
디자인	75	15.0%
영업 · 마케팅	62	12.4%
기타	27	5.4%
합	501	100.0%

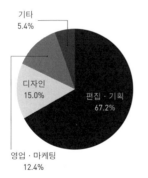

기타
5.4%

디자인
15.0%

편집 · 기획
67.2%

영업 · 마케팅
12.4%

정규직/비정규직

현재 당신의 고용 계약은 어떤 상태인가요?

고용 상태를 묻는 설문에, '정규직'이 94.8%(475명), '비정규직'이 5.2%(26명)라 응답했다.

	수	백분율
정규직	475	94.8%
비정규직	26	5.2%
합	501	100.0%

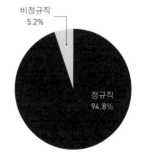

비정규직
5.2%

정규직
94.8%

성별

당신의 성별은 무엇인가요?

성별로는 '남성' 응답자가 23.4%(117명), '여성' 응답자가 76.6%(384명)다.

	수	백분율
남성	117	23.4%
여성	384	76.6%
합	501	100.0%

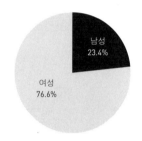

연령대

당신의 나이는 만으로 어떻게 되나요?

연령대로 살펴보면 '20대'가 35.3%(177명), '30대'가 58.3%(292명), '40대'가 6.4%(32명)를 차지했다.

	수	백분율
20대	177	35.3%
30대	292	58.3%
40대	32	6.4%
합	501	100.0%

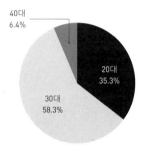

본사/자회사

당신이 속한 회사는 다음 중 어디에 해당되나요?

응답자가 소속된 회사가 본사인지, 자회사 · 계열사나 임프린트인지 묻는 설문에는 87.0%(436명)가 '본사'에 속해 있다고 응답했고, 13.0%(65명)가 '자회사 · 계열사 · 임프린트' 등에 속해 있다고 답했다.

회사의 직원 수

당신이 속한 회사에는, 사업주(사장)를 제외하고 몇 명의 직원이 함께
일하나요?

회사의 (사장을 제외한) 직원 수를 묻는 설문은 단답형 주관식으로 답변을 받았다. 여러 노
동법이 적용되는 범위에 따라 실태조사위원회가 구간을 나누어 분석했다. 근로기준법의 몇
몇 조항의 보호를 받지 못하는 '5인 미만' 사업장에 속한다는 응답은 11.0%(55명)다. '5인
이상 10인 미만'은 19.1%(96명)다. 남녀고용평등과 일ㆍ가정 양립 지원에 관한 법률과 그
시행령에 따르면, 연 1회 이상 성희롱 예방교육을 실시해야 하고, 특히 10인 이상 사업장의
경우는 의무사항이다. 또한 근로기준법에 따라 10인 이상 사업장에서는 취업규칙을 작성
해 고용노동부 장관에게 신고해야 한다. '10인 이상 30인 미만' 사업장에서 일하는 응답자는
32.1%(161명)이었다. 30인 이상의 사업장에는 노동자들의 이해를 대변하기 위해 노사 동
수의 노사협의회를 설치해야 함이, 근로자참여 및 협력증진에 관한 법률에 명시돼 있다. '30
인 이상 50인 미만'이라는 응답은 11.2%(56명)이고, '50인 이상 100인 미만' 11.8%(59
명), '100인 이상' 사업장에 속한다는 응답은 14.4%(72명)이었다.

	수	백분율
5인 미만	55	11.0%
5인 이상 10인 미만	96	19.1%
10인 이상 30인 미만	161	32.1%
30인 이상 50인 미만	56	11.2%
50인 이상 100인 미만	59	11.8%
100인 이상	72	14.4%
무응답	2	0.4%
합	501	100.0%

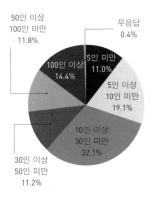

회사의 비정규직 비율

당신이 속한 회사의 정규직/비
정규직 비율은 어느 정도인가
요?

응답자가 속한 회사의 비정규직 노동자의
비율을 묻는 설문에는, 45.3%(227명)가
'모두 정규직'이라 응답했고, 47.7%(239
명)가 '대부분 정규직'이라 응답했다. '정
규직과 비정규직이 반반 정도'라는 응
답은 2.0%(10명), '대부분 비정규직'
1.6%(8명), '모두 비정규직'이라는 응답
이 0.8%(4명)로 나타났다.

	수	백분율
모두 정규직	227	45.3%
대부분 정규직	239	47.7%
반반 정도	10	2.0%
대부분 비정규직	8	1.6%
모두 비정규직	4	0.8%
모름	13	2.6%
합	501	100.0%

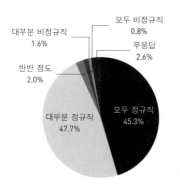

회사의 연매출

2013년 기준으로 당신이 속한
회사의 연매출은 대략 몇 억 원
정도인가요?

회사의 연매출을 묻는 설문 또한 단답형
질문이었는데, 51.5%(258명)가 모른다
고 응답했다. 실태조사위원회에서 임의로
구간을 나누었을 때, 연매출 '10억 원 미
만'이라는 응답이 8.4%(42명), '10억 원
이상 50억 원 미만' 20.0%(100명), '50
억 원 이상 100억 원 미만' 7.0%(35명),
'100억 원 이상'은 13.1%(66명)다.

	수	백분율
10억 원 미만	42	8.4%
10억 원 이상 50억 원 미만	100	20.0%
50억 원 이상 100억 원 미만	35	7.0%
100억 원 이상	66	13.1%
모름	258	51.5%
합	501	100.0%

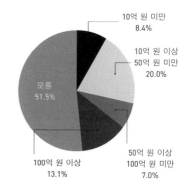

노동조합 유무

당신이 속한 회사에는, 노동조합이나 노사협의회 등 노동자들의 이해를 대변하는 조직이 있나요?(복수 응답 가능)

마지막으로, 회사에 노동조합이 있는지 묻는 설문이다. 이 문항은 노동조합 관련 항목이지만, 노동조합 유무가 많은 노동 조건에 막대한 영향을 끼치므로 답변 분석에서는 이 또한 기본 정보에도 포함해 분석하는 것이 더 풍성한 결과를 얻을 수 있으리라 실태조사위원회는 판단했다. 자신이 속한 사업장에 '노동조합이 있다'는 응답은 16.8%(84명)이고, '노동조합이 없다'는 응답은 83.2%(417명)다. 우리나라의 노동조합 조직률은 대략 10% 정도로 추산하고 있는데 이보다 높은 응답이 나왔다. 출판노조협의회 각 지부/분회 조합원의 참여가 많았음을 짐작할 수 있다.

	수	백분율
노동조합 있음	84	16.8%
노동조합 없음	417	83.2%
합	501	100.0%

2. 근로계약

근로계약서 작성/교부

현재 당신이 속한 회사에서 근로계약서를 작성했나요? 또 작성한 근로계약서를 교부받았나요?

전체 응답자 501명 중, '근로계약서를 작성했으나 교부받지 못했다'는 응답이 10.8%(54명), '근로계약서를 작성하지 않았다'는 21.1%(106명)를 차지했다. 근로기준법 제17조 2항에 근로계약을 서면으로 작성해 교부해야 함을 명시하고 있는데, 응답자 중 34.3%(172명)가 이에 해당하지 않는 것으로 나타났다. '근로계약서를 작성하지 않았다'고 대답한 사람을 살펴보면, 연령별로는 40대 이상 32명 중 11명(34.4%)이 근로계약서를 작성하지 않아 전체 비율 21.2%를 기록했다. 경력별로는 1년 차가 35.7%(56명 중 20명), 2년 차 28.6%(49명 중 14명)가 근로계약서를 작성하지 않은 것으로 나타났다. 신입 출판노동자들의 불안한 고용 상태를 짐작할 수 있다. 직원 수별로 보았을 때는, 회사 규모가 클수록 근로계약서 작성 비율도 높은 것으로 나타났다. 직원 수 100명 이상인 경우 87.5%(72명 중 63명), 50명 이상 100명 미만의 경우 81.4%(59명 중 48명)가 근로계약서를 작성했고 교부받았다고 응답해, 5명 미만의 경우 45.5%(55명 중 25명), 5명 이상 10명 미만의 경우 41.7%(96명 중 40명)가 근로계약서를 작성했고 교부받았다고 대답한 것과 큰 대비를 보였다. 노동조합 유무에 따른 답변을 분석해 보면, 노동조합이 있는 사업장의 경우 73.8%(84명 중 62명), 노동조합이 없는 사업장의 경우 64%(417명 중 267명)가 근로계약서를 작성했다고 답해, 노동조합이 있는 사업장에서 근로계약서 작성 비율이 높았다. 이로부터 노동조합의 존재가 근로계약서의 실효성을 강화시켜 주는 면이 있음을 확인할 수 있다.

	수	백분율
근로계약서를 작성하고 교부받았다	329	65.7%
근로계약서를 작성했으나 교부받지 못했다	54	10.8%
근로계약서를 작성하지 않았다	106	21.1%
모름	12	2.4%
합	501	100.0%

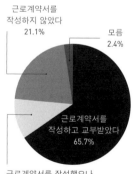

근로계약서 숙독

근로계약서를 작성한 경우 답해 주세요. 근로기준법이 정한 근로계약서의 기본 사항은 '근로계약기간, 근무 장소, 업무내용, 소정근로시간, 휴일, 연차 유급휴가, 임금(구성항목, 계산방법, 지급방법)'입니다. 근로계약서를 작성했다면 위 사항들이 근로계약서에 포함돼 있는지 확인했나요?

앞 문항의 근로계약서를 작성했다는 응답자 383명을 표본으로 삼았다. 이 가운데 '계약 당시 꼼꼼히 읽으며 확인했다'는 응답이 43.3%(166명)로 가장 많았다. '계약 당시에는 제대로 읽어 보지 못했지만 계약 이후 꼼꼼히 읽어 보았다'는 23.0%(88명), '형식적으로 서명만 했고 아직 제대로 읽어 보지 못했다'는 33.2%(127명)로 나타났다. 계약 당시 확인 비율이 낮은데, 이것은 노동자와 회사 양측 다 근로계약서의 중요성에 대한 인식이 부족하기 때문인 것으로 보인다. 특히 '형식적으로 서명만 했고 아직 제대로 읽어 보지 못했다'고 답한 사람들을 살펴보면, 20대의 39.4%(132명 중 53명), 경력 1년 차의 38.2%(34명 중 13명)로 나타나 전체 비율 33.2%보다 높게 나타났다. 신입 출판노동자가 자신의 노동권을 제대로 누리지 못하는 것을 짐작할 수 있다. 또한 성별에 따라서도 차이가 나타났는데, 남성의 경우 '계약 당시 꼼꼼히 읽으며 확인했다'고 한 사람이 56.5%(85명 중 48명)인데 비해, 여성의 경우는 39.6%(298명 중 118명)로 나타났다. 직원 수 50명 이상 100명 미만의 사업장에서 일하는 사람의 45.3%(53명 중 24명)가 '형식적으로 서명만 했고 아직 제대로 읽어보지 못했다'고 대답해 전체 비율 33.2%보다 높게 나온 것은, 어느 정도 규모가 있는 사업장에서도 근로계약서 작성이 여전히 형식적으로 이루어고 있음을 보여 준다.

	수	백분율
계약 당시 꼼꼼히 읽으며 확인했다	166	43.3%
형식적으로 서명만 했고 아직 제대로 읽어 보지 못했다	127	33.2%
계약 당시에는 제대로 읽어 보지 못했지만 이후 꼼꼼히 읽어 보았다	88	23.0%
무응답	2	0.5%
합	383	100.0%

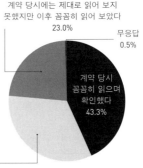

계약 당시에는 제대로 읽어 보지 못했지만 이후 꼼꼼히 읽어 보았다 23.0%

무응답 0.5%

계약 당시 꼼꼼히 읽으며 확인했다 43.3%

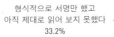

형식적으로 서명만 했고 아직 제대로 읽어 보지 못했다 33.2%

근로계약서 내용상 문제 제기

근로계약서를 꼼꼼히 읽어 본 경우 답해 주세요. 근로계약서에서 누락
됐거나 문제가 될 만한 사항이 있는지 검토해 보았나요? 또 그런 사항
을 발견했다면 어떤 조치를 취했나요?

앞 문항에서 근로계약서를 꼼꼼히 읽어 보았다는 응답자 254명 중, '누락되거나 문제가 될 만
한 사항이 없었다'는 응답고 한 사람이 125명(49.2%)으로 가장 많았다. 업무별로는 영업 ·
마케팅 분야의 73.9%(23명 중 17명)가 '누락되거나 문제가 될 만한 사항이 없었다'고 답을
해 다른 업무 쪽보다 높게 나타났다. 노동조합이 있는 경우에도 44명 중 27명(61.4%)이 '누
락되거나 문제가 될 만한 사항이 없었다'고 답을 해, 노동조합이 없는 경우(210명 중 98명,
46.7%)와 차이를 보였다. '누락되거나 문제가 될 만한 사항이 있는데 문제제기 못했다'고 대
답한 사람은 84명(33.1%)으로, 이 중에서 남성은 62명 중 16명(25.8%)이, 여성은 192명
중 68명(35.4%)이 답을 해 성별에 따른 차이를 보였다. 노동조합 유무에 따라서도 차이를
보였는데, '누락되거나 문제가 될 만한 사항이 있는데 문제제기 못했다'는 응답이 노동조합이
있는 경우에는 9.1%(44명 중 4명)인 반면, 노동조합이 없는 경우에는 38.1%(210명 중 80
명)다.

	수	백분율
누락되거나 문제가 될 만한 사항이 없었다	125	49.2%
그런 사항이 있었으나 특별한 조치를 취하지는 않았다	84	33.1%
그런 사항이 있었고 회사에 문의하거나 항의했다	21	8.3%
그런 사항이 있었고 외부에 도움을 요청했다	1	0.4%
무응답	23	9.0%
합	254	100.0%

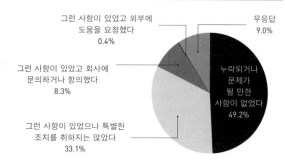

취업규칙

당신이 속한 회사에 취업규칙(사규, 내규)이 있나요? 또 노동자 누구나 자유롭게 열람할 수 있나요?

전체 응답자 501명 중, '취업규칙이 있는지 없는지 모른다'고 대답한 사람이 171명(34.1%)으로 두 번째로 많았다. '취업규칙이 없다'고 대답한 사람도 80명(16.0%)이나 됐다. 근로기준법 제14조에는 취업규칙을 작성해 노동자들이 자유로이 열람할 수 있게 해야 함을 명시하고 있고, 제93조에는 10인 이상 사업장의 경우 취업규칙을 고용노동부 장관에게 신고해야 한다고 밝히고 있다. '취업규칙이 없다'와 '취업규칙이 있는지 없는지 모른다', '취업규칙이 있지만 자유롭게 열람할 수 없다'의 응답을 합치면 64.7%로, 전체적으로 사업장 내에서 취업규칙에 대한 법규가 제대로 지켜지지 않고 있다는 것을 보여 준다. 노동조합이 있는 경우 '자유롭게 열람할 수 있다'고 대답한 사람이 84명 중 42명(50.0%)으로 전체 비율(35.3%)을 크게 웃돌았으나, '취업규칙이 있는지 없는지 모른다'고 대답한 사람도 28명(33.3%)으로, 노동조합이 없는 사업장(417명 중 143명, 34.3%)과 별 차이를 보이지 않았다. 직원 수별로 살펴봤을 때, 5명 미만의 사업장에서 '취업규칙이 없다'고 대답한 비율이 54.5%(55명 중 30명)로 나타나, 규모가 작은 사업장에서는 취업규칙을 잘 갖추고 있지 않다는 사실을 확인할 수 있다.

	수	백분율
취업규칙이 있고 자유롭게 열람할 수 있다	177	35.3%
취업규칙이 있지만 자유롭게 열람할 수 없다	73	14.6%
취업규칙이 없다	80	16.0%
취업규칙이 있는지 없는지 모른다	171	34.1%
합	501	100.0%

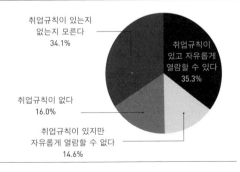

취업규칙이 있는지 없는지 모른다 34.1%

취업규칙이 있고 자유롭게 열람할 수 있다 35.3%

취업규칙이 없다 16.0%

취업규칙이 있지만 자유롭게 열람할 수 없다 14.6%

4대 보험

현재 당신은 4대 사회보험(국민연금, 건강보험, 고용보험, 산재보험)에 가입돼 있나요?

전체 응답자 501명 중, 475명(94.8%)이 '가입돼 있다'고 답을 해 대부분의 출판노동자들은 4대 보험에 가입돼 있는 것으로 나타났다. 다만 비정규직의 경우 26명 중 10명(38.5%)이 '가입돼 있지 않다'고 답을 해, 비정규직 차별을 확인할 수 있다.

	수	백분율
가입돼 있음	475	94.8%
일부만 가입돼 있음	10	2.0%
가입돼 있지 않음	10	2.0%
모름	6	1.2%
합	501	100.0%

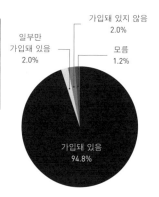

3. 근속과 이직

근속년

당신이 현재 회사에 재직한 기간은 약 몇 년인가요?

단답형 주관식으로 응답받은 것을 여러 근로 조건을 고려해 실태조사위원회에서 임의로 구간을 나누었다. 응답자 501명 중, 1년 이상 3년 미만이라고 대답한 사람이 213명(42.5%)으로 가장 많았다. 전체적으로는 400명(79.8%)이 5년 미만 재직자로 나타났는데, 이것은 응답자 중 5년 미만 경력의 응답자들(223명) 때문이라고 볼 수도 있다. 하지만 5년 차 이상 경력자의 경우에도, 경력 5~9년 차까지는 여전히 재직 기간 1년 이상 3년 미만이 34.4%(183명 중 63명)로 가장 높은 비율을 차지했다. 이는 출판계의 잦은 이직과 고용 불안을 보여 준다고 할 수 있겠다. 경력 10~14년 차와 15년 이상에서는 재직 기간 5년 이상이 44.4%(72명 중 32명)와 73.9%(23명 중 17명)로 가장 높은 비율을 차지했다. 노동조합이 있는 경우 64.3%(84명 중 54명)가 재직 기간 3년 이상이라고 답을 해, 노동조합이 없는 경우의 42.9%(417명 중 179명)와 대비를 보였다. 노동조합 유무와 근속 기간 사이에 긍정적인 상관관계가 있음을 확인할 수 있다. 전체 평균 재직 기간은 3.1년이다.

	수	백분율
1년 미만	55	11.0%
1년 이상 3년 미만	213	42.5%
3년 이상 5년 미만	132	26.3%
5년 이상	101	20.2%
합	501	100.0%

전체 평균		3.1년
성별	남성	3.3년
	여성	3.1년
주 업무	편집 · 기획	2.9년
	디자인	3.1년
	영업 · 마케팅	3.7년
	기타	4.7년
고용 상태	정규직	3.1년
	비정규직	2.8년
노동조합 유무	있음	3.8년
	없음	3.0년

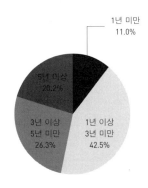

1년 미만
11.0%

5년 이상
20.2%

3년 이상
5년 미만
26.3%

1년 이상
3년 미만
42.5%

이직 고려 여부

현재 이직을 고려하고 있나요?

응답자 501명 중, '지금은 고려하지 않지만 염두에 두고 있다'고 대답한 사람이 228명 (45.5%)으로 가장 많았고, '이직할 생각이 없다'고 대답한 사람은 115명(22.9%)으로 두 번째로 많았다. 또한 '언제든 기회가 되면 이직할 준비가 돼 있다'고 대답한 사람(113명)과 '지금도 열심히 찾고 있다'고 대답한 사람(45명)을 합치면 158명(31.6%)에 이르는 것으로 나타났다. 노동조합이 있는 경우의 '이직할 생각이 없다'고 대답한 사람이 84명 중 32명 (38.1%)으로 나타나, 노동조합이 없는 경우(417명 중 83명, 19.9%)를 크게 웃돌았다. 노동조합이 있는 경우, '지금은 고려하지 않지만 염두에 두고 있다'고 대답한 비율이 48.8%(41명)로 다소 높았지만, '언제든 기회가 되면 이직할 준비가 돼 있다'고 대답한 비율과 '지금도 열심히 찾고 있다'고 대답한 비율이 각각 8.3%(7명)와 4.8%(4명)로 나타나, 현실적 이직 욕구를 낮추는 데 노동조합이 어느 정도 영향을 미치고 있다는 것을 확인할 수 있다.

	수	백분율
이직할 생각이 없음	115	22.9%
지금은 고려하지 않지만 염두에 두고 있음	228	45.5%
언제든 기회가 되면 이직할 준비가 돼 있음	113	22.6%
지금도 열심히 찾고 있음	45	9.0%
합	501	100.0%

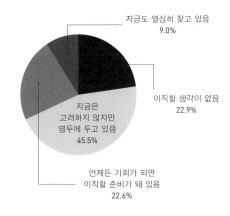

지금도 열심히 찾고 있음
9.0%

이직할 생각이 없음
22.9%

지금은
고려하지 않지만
염두에 두고 있음
45.5%

언제든 기회가 되면
이직할 준비가 돼 있음
22.6%

이직을 고려하는 주된 원인

만약 이직을 고려한다면 주된 원인은 무엇인가요?(복수 응답 가능)

'임금', '경영 방향', '근로시간 업무 강도 등 기타 근로 조건'이 각각 248명(49.5%), 221명 (44.1%), 212명(42.3%) 순으로 나타났다. 경력에 따라 이직을 고려하는 주 원인이 조금 씩 다르게 나타났다. 1~2년 차 응답자들 가운데 '임금'이라는 응답이 67.6%(105명 중 71 명), 경력 3년 차에서는 '근로시간, 업무 강도 등 기타 근로 조건'이라는 응답이 53.8%(65 명 중 35명), 10년 차 이상에서는 '경영 방향'이라고 대답한 비율이 45.3%(95명 중 43명)로 가장 높았다. 이를 통해 노동자들이 회사에 바라는 지점을 엿볼 수 있다. 노동조합이 없는 경 우 '임금'이라고 대답한 비율이 52.3%(417명 중 218명)로 나타나, 노동조합이 있는 경우의 35.7%(84명 중 30명)와 큰 차이를 보였다. 눈에 띄는 점은, 1~3년 차와 15년 차 이상, 40 대 이상의 응답자 가운데 '이직을 고려하지 않는다'는 응답은 단 1건도 없었다는 것이다. 이 는 신입 출판노동자와 경력이 많은 출판노동자의 불안한 현실을 드러낸 것으로 보인다.

	수(복수 응답)	응답자 501명 대비 백분율
임금	248	49.5%
근로시간, 업무강도 등 기타 근로 조건	212	42.3%
인간관계	99	19.8%
경영 방향	221	44.1%
승진 및 경력 관리	127	25.3%
회사 외적인(개인적인) 이유	96	19.2%
인사 및 노무관리 상의 불합리	4	0.8%
기타	5	1.0%

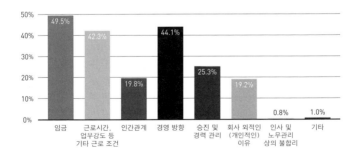

이직 횟수

당신은 출판계에서 지금까지 몇 번 이직을 했나요?

응답자 501명 중, '이직 경험 없다'고 대답한 사람이 194명(38.7%)으로 가장 많았고, '3회 이상'이라고 대답한 사람이 119명(23.7%), '1회'라고 대답한 사람이 113명(22.6%)이다. '이직 경험 없다'고 대답한 사람들을 살펴보면, 영업·마케팅 쪽 비율이 66.1%(62명 중 41명)로 편집·기획 34.1%(337명 중 115명), 디자인33.3%(75명 중 25명)보다 높아 큰 차이를 보였고, 성별에서도 남성(47.0%)이 여성(36.2%)보다 높았다. 경력이 늘어 갈수록 이직 횟수도 늘어나는 것은 당연한데, 그럼에도 경력 2년 차 가운데 '3회 이상'이라고 대답한 사람이 1명 있다는 것과 경력 15년 차 이상 가운데 '이직 경험 없다'고 대답한 사람이 1명뿐이라는 것이 특이하다. 전체 평균은 1.4회, 남성이 1.1회, 여성이 1.5회로 나타났다.

	수	백분율
이직 경험 없음	194	38.7%
1회	113	22.6%
2회	75	15.0%
3회 이상	119	23.7%
합	501	100.0%

4. 임금

2013년 연봉

상여급과 각종 수당을 포함해, 2013년 당신의 연간 총 임금 소득은 얼마인가요?

단답형 주관식으로 받은 응답을 천만 원 단위로 구간을 나누어 분석했다. 20대에서는 '2천만 원 이상 3천만 원 미만'이 67.2%(177명 중 119명)로 가장 많았고, 30대에서는 '3천만 원 이상 4천만 원 미만'이 45.9%(292명 중 134명)로 가장 많았으며, 40대 이상에서는 '4천만 원 이상'이 50.0%(32명 중 16명)로 가장 많았다. 경력별로 보면, 1~6년 차에서는 '2천만 원 이상 3천만 원 미만'의 비율이 가장 높았고, 7~14년 차에서는 '3천만 원 이상 4천만 원 미만'이, 15년 차 이상에서는 '4천만 원 이상'이 가장 높았다.

	수	백분율
2천만 원 미만	44	8.8%
2천만 원 이상 3천만 원 미만	228	45.5%
3천만 원 이상 4천만 원 미만	164	32.7%
4천만 원 이상	55	11.0%
무응답	10	2.0%
합	501	100.0%

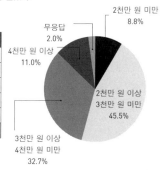

	평균	최저	최고	편집·기획	디자인	영업·마케팅	기타
1년	2134	1000	3000	2172	1869	2187	2450
2년	2170	1300	3200	2170	1989	2300	2367
3년	2427	1400	3500	2404	2443	2593	2120
4년	2648	1800	4500	2595	2383	3217	2500
5~6년	2917	1800	4200	2872	2985	3150	3000
7~9년	3185	2100	5000	3268	2885	3400	3100
10~14년	3697	2000	5800	3749	3457	3888	2833
15년 이상	4134	2300	5500	4586	3467	4480	3960

(단위: 만 원)

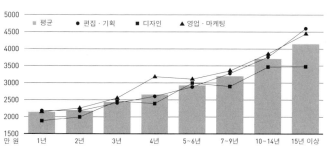

연봉에 퇴직금 포함 여부

임금 소득에 퇴직금이 포함돼 있나요?

전체 응답자 501명 중, '포함되지 않는다'고 대답한 사람이 341명(68.1%)으로 가장 많았다. 근로자퇴직급여보장법에 따라 연봉에 퇴직금을 포함해 지급하는 것은 불법이다. 출판 산업 내 만연한 '1/13 지급'은 퇴직하지도 않았는데 퇴직금을 산정하는 것으로 물론 이는 불법이다. 직원 수가 많을수록 '포함되지 않는다'고 대답한 비율이 높았고, 반대로 직원 수가 적을수록 '포함돼 있다'고 대답하는 비율이 높았다. 노동조합이 있는 경우(84명) '포함되지 않는다'고 대답한 비율이 91.7%(77명)로 높게 나타나, 노동조합이 없는 경우(417명 중 264명, 63.3%)와는 큰 차이를 보였다.

	수	백분율
포함되지 않음	341	68.1%
포함돼 있음	124	24.7%
모름	36	7.2%
합	501	100.0%

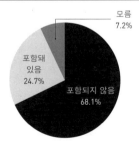

연봉제/호봉제

당신이 속한 회사의 급여 체계는 연봉제인가요, 호봉제인가요?

전체 응답자 501명 중, '연봉제'라고 답한 사람이 443명(88.4%)으로 가장 많았고, '호봉제'라고 답한 사람은 50명(10.0%)에 불과했다. '호봉제'라고 답한 경우를 살펴보면, '40대 이상' 32명 중 8명(25%), 경력 '15년 이상' 23명 중 7명(30.4%)이 '호봉제'라고 답해 전체 비율(10.0%)보다 높은 수치를 보여줬고, 노동조합이 있는 경우(84명) '호봉제' 비율이 22.6%(19명)로 높게 나왔다.

	수	백분율
연봉제	443	88.4%
호봉제	50	10.0%
연봉제 + 호봉제	2	0.4%
모름	6	1.2%
합	501	100.0%

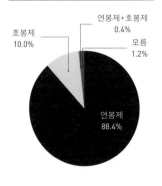

임금 결정 방식

당신의 임금은 어떤 방식으로 결정되나요?

전체 응답자 501명 중, '(사실상) 회사의 통보로 결정된다'고 대답한 사람이 293명(58.5%)으로 가장 많았다. 노동조합이 있는 경우에는 '노동조합이 회사와 협상해 결정한다'고 답한 사람이 84명 중 72명(85.7%)으로 가장 많았지만, 노동조합이 없는 경우에는 417명 중 281명(67.4%)이 '회사의 통보로 결정된다'고 대답해, 같은 경우의 '개별로 회사와 협상해 결정한다'고 답한 사람 128명(30.7%)보다 2배 이상 많았다. 연봉제라 해도 임금은 회사 측의 일방적인 통보에 의해 결정되고 있다고 볼 수 있다.

	수	백분율
개별로 회사와 협상해 결정함	128	25.5%
노동조합이 회사와 협상해 결정함	77	15.4%
(사실상) 회사의 통보로 결정됨	293	58.5%
모름	3	0.6%
합	501	100.0%

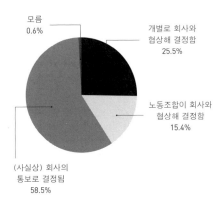

모름
0.6%

개별로 회사와
협상해 결정함
25.5%

노동조합이 회사와
협상해 결정함
15.4%

(사실상) 회사의
통보로 결정됨
58.5%

임금 결정 과정에서의 노동자 의사 반영

임금 결정 과정에서 노동자의 의사가 충분히 반영되고 있다고 생각하나요?

전체 응답자 501명 중, '잘 반영되고 있다'고 대답한 사람은 25명(5.0%)에 불과했고, '약간 반영되고 있다'고 답한 사람도 129명(25.8%)으로 나타나, 대체로 임금 결정 과정에 출판노동자들의 의사가 충분히 반영되고 있지 않은 것으로 드러났다. 업무별로 봤을 때, 영업·마케팅 쪽은 '약간 반영되고 있다'고 대답한 비율이 37.1%(62명 중 23명)로 가장 높게 나왔는데, 디자인 쪽에서는 '전혀 반영되지 않는다'고 대답한 비율이 41.3%(75명 중 31명)로 가장 높게 나왔다. 직원 수별로 봤을 때, 30명 이상 50명 미만과 50명 이상 100명 미만에서는 '전혀 반영되지 않는다'고 답한 비율이 39.3%와 40.7%로 전체 비율(29.3%)보다 높게 나와 꽤 큰 불만을 드러내고 있었다. 노동조합이 있는 경우에는 긍정적으로 평가하는 쪽('잘 반영되고 있음', '약간 반영되고 있음')의 비율이 57.2%로 높게 나온데 반해, 노동조합이 없는 경우에는 25.4%로 나와 절반에도 못 미치는 것으로 드러났다.

	수	백분율
잘 반영되고 있음	25	5.0%
약간 반영되고 있음	129	25.8%
별로 반영되고 있지 않음	200	39.9%
전혀 반영되지 않음	147	29.3%
합	501	100.0%

임금 소득 만족 여부

당신은 2013년 당신의 임금 소득에 만족하나요? 만약 불만족스럽다면 그 이유는 무엇인가요?(복수 응답 가능)

전체 응답자 501명 중, '현재 임금에 만족한다'고 대답한 사람은 107명(21.4%)에 불과했다. 업무별로는 편집 · 기획 쪽에서는 337명 중 76명(22.6%)이, 영업 · 마케팅 쪽에서는 62명 중 18명(29.0%)이 '현재 임금에 만족한다'고 대답한 것에 비해, 디자인 쪽에서는 75명 중 10명(13.3%)만이 대답해 상대적으로 낮은 수치를 보였다. 임금 소득에 만족하지 못한 이유를 업무별로 살펴보면, 디자인 쪽은 '업무숙련도와 경력에 비해 불만족스럽다'고 한 사람의 비율이 57.3%로 가장 높게 나왔고, 편집 · 기획 쪽은 '근로시간과 업무강도에 비해 적어서 불만족스럽다'고 한 사람의 비율이 39.8%로 가장 높게 나왔다. 영업 · 마케팅 쪽은 전체적으로 고르게 나왔는데, 그중에서는 '생활비로 쓸 때 부족함을 느껴서 불만족스럽다'고 한 사람의 비율이 30.6%로 가장 높았다. 경력이 낮을 때(주로 1~2년 차)는 '생활비로 쓸 때 부족함을 느껴서 불만족스럽다'는 대답의 비율(1년 차 53.6%, 2년 차 53.1%)이 높은 반면, 경력이 쌓일수록(7~9년 차) '업무숙련도와 경력에 비해 적어서 불만족스럽다'는 대답의 비율이 63.5%로 가장 높게 나왔다. 직원 수별로 살펴보면, 10명 이상 30명 미만 사업장의 경우가 '현재 임금에 만족한다'는 비율이 16.8%로 가장 낮았고, 100명 이상의 경우가 30.6%로 가장 높았다. 노동조합이 있는 경우 84명 중 32명(38.1%)이 '현재 임금에 만족한다'고 해 노동조합이 없는 경우(417명 중 75명, 18.0%)보다 그 비율이 높았다.

	수	501명 대비 백분율	편집 · 기획	디자인	영업 · 마케팅	기타
현재 임금에 만족함	107	21.4%	22.6%	13.3%	29.0%	11.1%
근로시간과 업무강도에 비해 적음	192	38.3%	39.8%	45.3%	22.6%	37.0%
업무숙련도와 경력에 비해 적음	192	38.3%	34.4%	57.3%	29.0%	55.6%
타 출판사 임금 수준에 비해 적음	117	23.4%	22.6%	20.0%	29.0%	29.6%
생활비로 쓸 때 부족함	167	33.3%	34.7%	32.0%	30.6%	25.9%
기타	1	0.2%	0.3%	0.0%	0.0%	0.0%

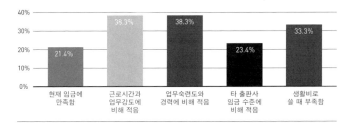

5. 근로시간과 강도

연장근로

당신은 1주일에 평균 몇 번 정도 연장근로(야근)를 하나요?

전체 응답자 501명 중, 1주일에 평균 연장근로(1일 8시간, 1주 40시간을 초과하는 근로 등)를 '1~2회' 한다는 응답이 50.3%(252명)로 가장 많았다. 업무별로 봤을 때, 디자인 쪽만 조금 다른 수치를 보인다. '1~2회'라고 답한 사람 중 디자인 쪽 비율은 40.0%로 전체 비율 50.3%보다 10% 정도 낮은 수치를 보인 반면, '5회 이상'이라고 답한 사람 중에서는 디자인 쪽 비율이 16.0%로 전체 비율 6.0%보다 10% 높은 수치를 보였다. 이는 '5회 이상'이라고 응답한 편집 · 기획(3.3%), 영업 · 마케팅(8.1%) 쪽과도 큰 차이를 보이는 것으로, 디자인 업무의 특성을 드러낸다고 할 것이다. 특이한 점은 경력별 데이터에서도 나타나는데, 15년 이상의 경우 '5회 이상'이라는 응답은 21.7%(23명 중 5명)로, 전체 비율 6.0%보다 3배 이상 높게 나타났다. 노동조합이 있는 경우, '연장근로를 하지 않는다'고 답한 비율(36.9%)이 전체 비율(27.3%)보다 높고, 그에 따라 연장근로 횟수의 비율이 노동조합이 없는 경우보다 크게 낮은 것으로 나타났다.

	수	백분율
연장근로를 하지 않음	137	27.3%
주 1~2회	252	50.3%
주 3~4회	82	16.4%
주 5회 이상	30	6.0%
합	501	100.0%

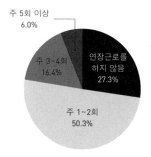

연장근로 보상

연장근로를 했을 경우에는 어떻게 보상받나요?

전체 응답자 501명 중, '보상받지 못한다'고 대답한 사람이 374명(74.6%)으로 가장 많았다. 근로기준법 제56조에는 연장근로(8시간 근로 이후에 계속되는 경우로 통상 18시부터 22시까지의 근로)와 야간근로(22시부터 이튿날 6시까지의 근로)에 대한 가산 지급이 명시돼 있다. 연장근로 시에는 통상임금의 시급(100%)에 50% 가산된 금액(150%)을 지급해야 하고, 연장근로에 이은 야간근로 시에는 연장근로(50%)에 야간근로(50%)까지 추가로 가산된 금액(200%)을 지급해야만 하지만, 대부분의 출판노동자들이 보상받지 못하는 것으로 드러났다. 직원 수별로 살펴보면, 10명 미만의 사업장의 경우 '보상받지 못한다'고 응답한 비율이 86.1%(151명 중 130명)으로 전체 비율 74.6%보다 크게 높았고, 30명 이상 100명 미만의 사업장에서는 '수당으로 받는다'고 대답한 비율이 38.3%(115명 중 44명)으로 전체 비율 17.6%보다 크게 높았다. 노동조합 유무로 살펴보면, '보상받지 못한다'는 응답이 노동조합이 없는 경우 84.2%(417명 중 351명)로 나타나, 노동조합이 있는 경우 27.4%(84명 중 23명)보다 크게 높았다. 또한 노동조합이 있는 경우 51.2%(84명 중 43명)가 '수당으로 받는다'고 대답했다.

	수	백분율
수당으로 받음	88	17.6%
시간으로 보상받음	39	7.8%
보상받지 못함	374	74.6%
합	501	100.0%

수당으로 받음 17.6%
보상받지 못함 74.6%
시간으로 보상받음 7.8%

1주일 평균 근로시간

근로계약상이 아닌, 당신의 실제 1주일 평균 근로시간은 몇 시간인가요?

이 역시 단답형 주관식으로 설문한 자료를 놓고, 구간을 나누어 분석했다. 근로기준법 제50에 명시된 1주간의 근로시간을 기준으로, '주 40시간 이하', '주 40시간 초과 50시간 이하', '주 50시간 초과 60시간 이하', '주 60시간 초과'로 구간을 나누었다. 전체 응답자 501명 중, '주 40시간 초과 50시간 이하'라는 응답이 53.9%(270명)로 가장 많았고, '주 40시간 이하'가 30.9%(155명)로 그 뒤를 이었다. 각 구간별로 많은 수의 직종을 살펴보면, '주 40시간 이하'에서는 영업·마케팅이 37.1%(62명 중 23명)로 가장 비율이 높았고, '주 40시간 초과 50시간 이하'에서는 편집·기획이 57.9%(337명 중 195명)로 가장 비율이 높았으며, '주 50시간 초과 60시간 이하'에서는 디자인이 17.3%(75명 중 13명)로 가장 비율이 높았다. '주 60시간 초과'에서는 영업·마케팅이 4.8%(62명 중 3명)로 가장 비율이 높았는데, 디자인은 '주 60시간 초과'에서도 4.0%로 나타나 영업·마케팅과 큰 차이를 보이지는 않았다. 이것은 앞의 연장근로에 관한 설문과 함께 디자인 쪽 업무의 한 특성을 보여 준다 할 수 있겠다. 이번 실태조사에서 드러난 몇 가지 데이터(이직, 연장근로, 근로시간, 임금 등)를 보면, 디자인 쪽 출판노동자들이 업무량은 많은데 그만큼 보상은 받고 있지 못하다고 생각하며, 그에 대한 불만이 상당히 높다는 것을 짐작할 수 있다. 노동조합의 유무에 따라 살펴보면, 노동조합이 있는 경우 '주 40시간 이하'라고 대답한 비율이 47.6%(84명 중 40명)로 노동조합이 없는 경우의 27.6%(417명 중 115명)보다 크게 높았다. 또한 노동조합이 있는 경우에는 '주 50시간 초과'라는 응답이 1.2%로, 노동조합이 없는 경우의 16.0%와 큰 차이를 보였다. 전체 평균은 1주일에 45.8시간 노동하는 것으로 집계됐다.

	수	백분율
주 40시간 이하	155	30.9%
주 40시간 초과 50시간 이하	270	53.9%
주 50시간 초과 60시간 이하	59	11.8%
주 60시간 초과	9	1.8%
무응답	8	1.6%
합	501	100.0%

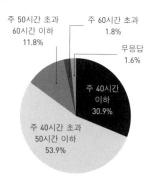

휴일근로

당신은 1개월에 평균 몇 번 정도 휴일근로를 하나요?

전체 응답자 501명 중, '거의 하지 않는다'라고 응답한 사람이 314명(62.7%)으로 가장 많았다. 그다음으로 '월 1~2일'이라고 응답한 사람이 142명(28.3%)으로 나왔다. 경력별로 살펴보면, 경력 15년 이상에서 '월 1~2일'이라고 응답한 비율이 43.5%(23명 중 10명)로 전체비율 28.3%보다 높게 나왔는데, 이 15년 이상에서는 '월 7~8일'이라고 답한 비율도 4.3%로 전체 비율 1.0%보다 높게 나타났다. 비슷하게도 경력 10~14년에서는 '월 5~6일'이라고답한 비율이 4.2%로 전체 비율 1.8%보다 높게 나왔다. 고용상태에 따라 살펴보면, '월 1~2일'이라고 응답한 사람 중 정규직(475명 중 132명, 27.8%)에 비해 비정규직(26명 중 10명, 38.5%)이 상대적으로 높은 수치를 보였고, 전체 비율 28.3%보다도 크게 웃돌았다.

	수	백분율
거의 하지 않음	314	62.7%
월 1~2일	142	28.3%
월 3~4일	31	6.2%
월 5~6일	9	1.8%
월 7~8일	5	1.0%
합	501	100.0%

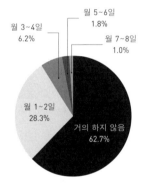

휴일근로 보상

휴일근로를 했을 경우에는 어떻게 보상받나요?

전체 응답자 501명 중, '보상받지 못한다'라고 응답한 사람이 222명(44.3%)으로 가장 많았다. '대체휴가로 받는다'라고 한 사람이 150명(29.9%)으로, '수당으로 받는다'라고 한 사람 (129명, 25.8%)보다 조금 더 많았다. 근로기준법 제56조에는 연장근로와 마찬가지로 휴일 근로 시 통상임금의 시급(100%)에 50% 가산된 금액(150%)을 지급해야 함을 명시하고 있다. 한편 휴일근로도 연장근로로 본다면 연장근로에 대한 추가 임금이 마땅히 지급돼야 한다. 고용상태로 살펴보면, '보상받지 못한다'라고 답한 사람 중 정규직은 475명 중 203명으로 42.7%를 나타내, 비정규직의 73.1%(26명 중 19명)보다 훨씬 낮은 비율을 보였다. 직원 수 별로 살펴보면, 5명 미만의 경우 '수당으로 받는다'라고 답한 비율이 5.5%밖에 안 되고, 대신 '보상받지 못한다'라고 답한 비율은 69.1%나 됐다. 하지만 직원 수가 늘어날수록 '수당으로 받는다'라고 답한 비율은 비례 관계로 나타났다. 노동조합의 유무로 살펴보면, 노동조합이 있는 경우 '보상받지 못한다'고 응답한 사람이 84명 중 10명으로 11.9%에 불과했지만, 노동조합이 없는 경우에는 417명 중 212명으로 50.8%에 달했다.

	수	백분율
수당으로 받음	129	25.8%
대체휴가로 받음	150	29.9%
보상받지 못함	222	44.3%
합	501	100.0%

시간외 근로의 주요한 원인

연장근로·휴일근로 등 시간외근로의 가장 주요한 원인은 무엇이라고
생각하나요?

전체 응답자 501명 중, '무리한 출간 일정'이라고 응답한 사람이 223명(44.5%)으로 가장
많았다. 업무별로 살펴보면, 편집 · 기획과 디자인은 49.9%와 45.3%로 '무리한 출간 일
정'이라고 답한 사람의 비율이 가장 높았다. 하지만 영업 · 마케팅의 경우 '무리한 출간 일
정'(17.7%)보다는 '비효율적 업무 시스템'이라고 답한 사람의 비율이 24.2%로 가장 높았
다. 대신 '출간 관련 행사'라고 답한 사람의 비율에서 편집 · 기획과 디자인은 2.4%와 2.7%
를 기록한 반면, 영업 · 마케팅은 17.7%를 기록해 큰 차이를 보였다. 각 업무별 특성이 반영
된 것으로 보인다. 노동조합 유무로 살펴보면, 노동조합이 없는 경우 '무리한 출간 일정'이라
고 답한 사람이 417명 중 194으로 46.5%를 기록해, 노동조합이 있는 경우 34.5%(84명
중 29명)보다 높게 나타났다.

	수	백분율
무리한 출간 일정	223	44.5%
과다한 잡무	93	18.6%
비효율적인 업무 시스템	95	18.9%
사용자나 상사의 강요	46	9.2%
출간 관련 행사	22	4.4%
기타	3	0.6%
무응답	19	3.8%
합	501	100.0%

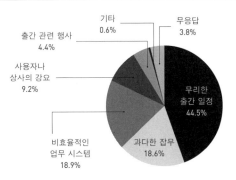

업무상 부상, 질병

회사 업무로 인해 부상이나 질병 등을 겪은 적이 있나요? 있다면 그 치료비는 어떻게 처리했나요?

전체 응답자 501명 중, '부상이나 질병을 겪은 적은 없다'고 응답한 사람이 315명(62.9%)으로 가장 많았다. 그런데 부상이나 질병을 경험한 186명 중 164명(88.2%)이 치료비를 '자비로 부담했다'라고 대답했다. '회사 경비로 처리했다'고 대답한 사람은 18명(9.7%)에 불과했고, '산재보험으로 처리했다'는 사람도 겨우 4명(2.2%)에 불과하다. 성별로 살펴보면, '부상이나 질병을 겪은 적 없다'라고 응답한 사람 중 남성은 117명 중 90명(76.9%), 여성은 384명 중 225명(58.6%)으로 나타나, 업무로 인한 부상이나 질병을 여성이 더 많이 경험한 것으로 나타났다. 또한 부상이나 질병 등의 경험이 있는 사람 중, 남성의 경우 '자비로 처리했다'라고 대답한 사람의 비율이 62.9%(27명 중 17명)인 반면, 여성의 경우 92.4%(159명 중 147명)나 됐다. 여성의 경우 회사 경비나 산재보험으로 처리하는 비율이 남성에 비해 무척 낮은 것으로 나타났다. 이와 같은 결과는 업무별로 살펴볼 때도 비슷하게 나타났는데, 이것은 편집·기획과 디자인에 여성이 많고, 영업·마케팅에 남성이 많은 것과 연관해 생각할 수 있다. 아마도 영업·마케팅 쪽 부상이나 질병 종류가 산재보험이나 회사 경비로 처리하기 쉬운 것일 가능성(교통사고 등)이 높기 때문일 것으로 짐작된다. 고용 상태별로 살펴보면, 부상이나 질병을 겪었을 때 치료비를 '자비로 부담했다'라고 답한 비율이 정규직은 31.4%인데 비해, 비정규직은 57.7%로 나타나 큰 차이가 있음을 보여 준다. 이 문항에서 주의할 점은, 여성의 경우 생리불순과 같은 부인과 질병이나 소화기 계통 질병 등 업무와 관련성이 결코 없지는 않으나, 확실하게 증명하기 어려운 질병의 경우에는 그냥 넘어갔다는 기타 의견이 많았다는 것이다. 업무상 겪은 부상이나 질병을 알리기 어려운 분위기를 짐작할 수 있다.

	수	백분율
부상이나 질병을 겪은 적 없음	315	62.9%
자비로 부담함	164	32.7%
회사 경비로 처리함	18	3.6%
산재보험으로 처리함	4	0.8%
합	501	100.0%

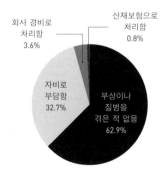

6. 휴가

연차 유급휴가

당신이 속한 회사에서 지급하는 연차 유급휴가(연차)는 1년에 며칠인 가요?

전체 응답자 501명 중 279명(55.7%)이, '연 15일 이상(법정 가산휴가 적용)'의 연차 유급 휴가를 받고 있는 것으로 나왔다. 하지만 '규정 없다'라고 응답한 사람도 38명(7.6%)이나 됐다. 근로기준법은 제60조에서 연차 유급휴가의 최소 한도를 정하고 있다. 1년 이상 근속 한 노동자에게 15일 이상의 유급휴가를 지급해야 하고, 3년 이상 근속한 경우 최초 1년을 초 과하는 계속 근로연수 15일의 휴가에 근속년 매 2년마다 1일을 가산한 유급휴가를 지급해 야 한다. 또한 사용하지 않은 연차 유급휴가에 대해서는 마땅히 보상이 있어야 할 것이다. 정 규직의 경우 법정 가산휴가가 적용된 '연 15일 이상(법정 가산휴가 적용)'의 휴가를 보장받 는 이가 57.3%(436명 중 272명)인데 반해, 비정규직은 26.9%(26명 중 7명)에 불과했다. 또한 비정규직의 경우 '연 3일 이하'(7.7%), '규정 없다'(23.1%)라고 답한 비율이 정규직의 2.9%와 6.7%에 비해 굉장히 높았다. 직원 수별로 살펴보면, '규정 없다'라고 대답한 비율이 직원 수 5명 미만과 5명 이상 10명 미만에서 20.0%와 17.7%로 나와 전체 비율 7.6%과 큰 차이를 보였다. 또한 연 매출액이 10억 원 미만인 사업장의 경우 '규정 없다'라고 답한 비율이 23.8%였다. 사업장의 규모가 작을수록, 매출이 낮을수록 연차 유급휴가를 제대로 보장받지 못하고 있음을 확인할 수 있었다. 노동조합 유무로 살펴보면, 노동조합이 있는 경우에는 '연 15일 이상(법정 가산휴가 적용)'의 휴가를 보장받는 사람이 79.8%(84명 중 67명)인데 비 해, 노동조합이 없는 경우에는 50.8%(417명 중 212명)로 큰 차이를 보였다.

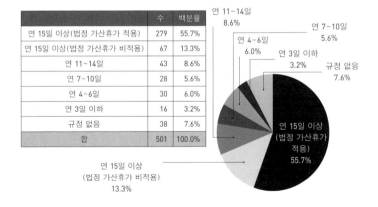

	수	백분율
연 15일 이상(법정 가산휴가 적용)	279	55.7%
연 15일 이상(법정 가산휴가 비적용)	67	13.3%
연 11~14일	43	8.6%
연 7~10일	28	5.6%
연 4~6일	30	6.0%
연 3일 이하	16	3.2%
규정 없음	38	7.6%
합	501	100.0%

연차 유급휴가 사용

당신은, 주어진 연차 유급휴가를 충분히 쓰고 있나요?

전체 응답자 501명 중, '충분히(사용하고 싶을 때, 사용하고 싶은 만큼) 사용하고 있다'라고 대답한 사람은 232명(46.3%), '충분히 사용하지 못하고 있다'라고 대답한 사람은 218명(43.5%)이다. '전혀 사용하지 못하고 있다'는 응답도 51명(10.2%)이나 나왔다. 조사 결과 응답자 중 53.7%(269명) 정도가 연차 유급휴가를 원하는 때에, 원하는 만큼 사용하지 못하는 것으로 나타났다. 업무별로 살펴보면, '전혀 사용하지 못하고 있다'라고 대답한 사람 중 편집·기획의 비율은 6.2%(337명 중 21명)로 비교적 낮은 반면, 디자인은 18.7%(75명 중 14명), 영업·마케팅은 16.1%(62명 중 10명), 기타(회계, 관리, 제작 등)는 22.2%(27명 중 6명)로 나타나 그 비율이 2~3배 이상 높았다. 경력별로 살펴보면, 유독 경력 2년 차에서는 '충분히 사용하고 있다'라고 답한 비율이 32.7%(49명 중 16명)로 전체 비율 46.3%보다 훨씬 낮았는데, 대신 '전혀 사용하지 못하고 있다'라는 응답은 30.6%(15명)로 전체 비율 10.2%보다 3배나 높았다. 이런 결과가 나온 이유가 무엇인지 분석할 필요가 있다. 이와 비슷하게, 경력 15년 이상의 경우 '충분히 사용하고 있다'라고 답한 비율이 39.1%(23명 중 9명)로 전체 비율 46.3%보다 상대적으로 낮았는데, 대신 전혀 사용하지 못하고 있다'는 응답은 21.7%(23명 중 5명)나 됐다. 고용 상태로 살펴보면, '전혀 사용하지 못하고 있다'라고 답한 비율이 정규직 9.5%에 비해 비정규직이 23.1%로 크게 높아 비정규직의 열악한 처우를 확인할 수 있다. 직원 수별로 살펴보면, 회사 규모가 클수록 '충분히 사용하고 있다'라고 답한 비율은 높아지고, '전혀 사용하지 못하고 있다'라는 응답 비율은 낮아지는 것을 알 수 있다. 노동조합 유무에 따라서도 차이가 드러났는데, 노동조합이 있는 경우 81.0%(84명 중 68명) 정도가 '충분히 사용하고 있다'라도 대답했으나, 노동조합이 없는 경우에는 39.3%(417명 중 164명)만 '충분히 사용하고 있다'고 답해 절반에도 못 미치는 것으로 드러났다. 또한 '전혀 사용하지 못하고 있다'는 응답 비율이, 노동조합이 없는 경우에는 12.2%(417명 중 51명)에 달했으나, 노동조합이 있는 경우에는 0.0%로 나타났다.

	수	백분율
충분히 사용하고 있음	232	46.3%
충분히 사용하지 못하고 있음	218	43.5%
전혀 사용하지 못하고 있음	51	10.2%
합	501	100.0%

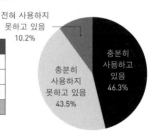

사용하지 못한 연차 유급휴가 보상

당신은, 주어진 연차 유급휴가를 다 쓰지 못할 경우에 어떻게 보상받나요?

전체 응답자 501명 중, '보상받지 못한다'라고 대답한 사람이 311명(62.1%)으로 가장 많았다. 근로기준법 제62에는 사용하지 못한 연차 유급휴가를 갈음해 보상하도록 정하고 있다. 응답자 중 절반 이상이 보상받지 못하고 있다는 것은 심각한 문제다. 업무별로는, 영업·마케팅에서 '연차수당으로 받는다'라고 답한 비율이 40.3%(62명 중 25명)로 전체 비율 31.7%보다 높았고, 기타(회계, 관리, 제작 등)에서 '보상받지 못한다'라고 답한 비율이 77.8%(27명 중 21명)로 전체 비율 62.1%보다 상당히 높은 편이었다. 고용 상태로 살펴보면, 비정규직의 경우 '보상받지 못한'라고 답한 비율이 84.6%(26명 중 22명)로, 정규직의 비율 60.8%(475명 중 289명)보다 무척 높았다. 임금이나 휴가, 복지 등의 경우처럼 이 문항에서도 직원 수가 많고, 매출이 높을수록, 그리고 노동조합이 있는 경우에 '연차수당으로 받는다'와 '이월된다'라고 답한 비율이 높고, '보상받지 못한다'라고 답한 비율이 낮았다.

	수	백분율
연차수당으로 받음	159	31.7%
이월됨	31	6.2%
보상받지 못함	311	62.1%
합	501	100.0%

연차수당으로 받음
31.7%

보상받지 못함
62.1%

이월됨
6.2%

연차 유급휴가를 자유롭게 쓰지 못하는 주된 이유

당신에게 주어진 연차 유급휴가를 자유롭게 쓰지 못한다면 그 주된 이유는 무엇인가요?(복수 응답 가능)

전체 응답자 501명 중, '업무가 많아서'라고 대답한 사람이 217명(43.3%)으로 가장 많았다. 그다음으로 '상사의 눈치가 보여서'(184명, 36.7%), '대체인력이 없음'(120명, 24.0%), '회사의 방침(휴가기간 지정 등)'(78명, 15.6%), '동료의 눈치가 보여서'(29명, 5.8%)가 그 뒤를 이었다. 연령별로 살펴보면, 20대에서는 '업무가 많아서'(39.5%)보다 '상사의 눈치가 보여서'(41.8%)라고 답한 비율이 높았고, 30대에서는 전체 비율과 비슷한 분포를 보였다. 다만 40대에서는 '업무가 많아서'(46.9%) 다음으로 '회사의 방침'(28.1%)이라고 답한 비율이 두 번째로 높았고, 전체에서 두 번째로 높았던 '상사의 눈치가 보여서'는 18.8%로 낮았다. 업무별로 살펴보면, 편집·기획 분야는 전체 비율과 비슷한 분포를 보였지만, 디자인 쪽은 '업무가 많아서'와 '상사의 눈치가 보여서', '대체인력이 없어서'가 비슷한 수치(36%~38.7%)로 높은 비율을 차지했다. 영업·마케팅 분야에서는 '상사의 눈치가 보여서'가 가장 높은 비율(43.5%)을 차지했고, '대체인력이 없어서'(32.3%)가 두 번째로 높았다. 기타(회계, 관리, 제작 등)에서는 '회사의 방침'이 40.7%로 가장 높은 비율을 차지했고, 그다음으로 '업무가 많아서'(37.0%)가 두 번째를 차지했다. 전체적으로 '동료의 눈치가 보여서'라고 대답한 비율은 5.8%로 그리 높지 않았는데, 영업·마케팅(11.3%)과 경력 1년 차(14.3%), 경력 3년 차(13.8%), 비정규직(11.5%), 직원 수 50명 이상 100명 미만 사업장(11.9%)에서 2~3배 정도 높게 나왔다. 비정규직일 경우 '대체인력이 없어서'라고 답한 비율이 38.5%로 전체 비율(24.0%)보다 높게 나왔고, 5명 미만 사업장에서도 '대체인력이 없어서'라 답한 비율이 36.4%로 높게 나왔다. 이와 함께 5명 미만 사업장에서는 '업무가 많아서'(23.6%)가 세 번째로, '상사의 눈치가 보여서'(40.0%)가 첫 번째로 높았다. '대체인력이 없어서'는 두 번째로 높았다. 노동조합 유무로 살펴보면, 노동조합이 있는 경우, '상사의 눈치가 보여서'(22.6%)와 '회사의 방침'(2.4%0, '대체인력이 없어서'(15.5%)의 비율이 노동조합이 없는 경우(39.6%, 18.2%, 25.7%)보다 크게 낮았다.

	수	응답자 501명 대비 백분율
업무가 많아서	217	43.3%
상사의 눈치가 보여서	184	36.7%
동료의 눈치가 보여서	29	5.8%
회사의 방침(휴가기간 지정 등)	78	15.6%
대체인력이 없어서	120	24.0%
연차 없음, 불가	8	1.6%
기타	3	0.6%

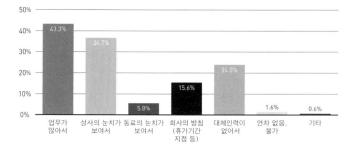

노동절 휴무

지난 5월 1일 노동절에 쉬었나요?

전체 응답자 501명 중, '노동절 당일에 쉬었다'고 대답한 사람이 449명(89.6%)으로 가장 많았다. 노동절에 쉬었다고 답한 사람이 가장 많아 긍정적으로 평가할 수 있을 듯하다. 노사 합의를 통해 노동절에 쉬지 못하고 근무를 한 경우에는, 근로기준법에서 정하는 유급휴일과 같은 보상(1.5배에 해당하는 수당 또는 대체휴가)을 제대로 받아야 한다. 그렇지만 이런 사람은 2명(0.4%)에 불과했고, 근로기준법에는 못 미치지만 1배로 보상받은 사람도 14명(2.8%)에 불과했다. '대체휴가나 수당 없이 근무했다'라고 답한 사람은 31명(6.2%)이나 됐다. '대체휴가나 수당 없이 근무했다'고 답을 한 사람을 살펴보면, 전체 비율은 6.2%인데 비해, 40대 이상(15.6%)과 디자인(10.7%), 기타 업무(18.5%), 경력 1년 차(12.5%), 경력 3년 차(10.8%), 경력 15년 이상(13.0%), 비정규직(11.5%), 직원 수 5명 미만(10.9%), 직원 수 5~10명 미만(10.4%)에서 전체 비율보다 2~3배 정도 높게 나타났다.

	수	백분율
노동절 당일에 쉬었음	449	89.6%
못 쉬고 1.5배 받음	2	0.4%
못 쉬고 1배 받음	14	2.8%
대체휴가나 수당 없이 근무함	31	6.2%
기타	5	1.0%
합	501	100.0%

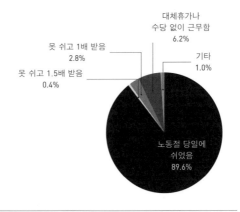

성희롱 예방교육

당신이 속한 회사에서 지난 1년 사이에 성희롱 예방교육을 받았나요?

전체 응답자 501명 중, '성희롱 예방교육을 받지 않았다'고 응답한 사람이 240명 (47.9%), '성희롱 예방교육을 받았으나 실효성이 없다고 생각한다'고 답한 사람이 186명(37.1%)으로 나타났다. 남녀고용평등과 일·가정 양립 지원에 관한 법률 제13 조에는 성희롱 예방교육을 실시해야 함을 명시하고 있다. 하지만 교육이 행해지지 않음은 물론, 현재 시행되고 있는 성희롱 예방교육도 실효성 있게 개선이 필요하다는 점을 확인할 수 있다. 무엇보다 심각한 점은, 10명 이상 사업장에서는 성희롱 예방교육을 의무적으로 실시해야 함에도 불구하고, 10명 이상 사업장에서 일하는 348명 중 123 명(약 34.5%)이 '성희롱 예방교육을 받지 않았다'고 응답했다는 것이다. 또한 5명 미만 사업장의 경우 '성희롱 예방교육을 받지 않았다'고 답한 비율이 90.9%(55명 중 50 명), 5명 이상 10명 미만 사업장의 경우에는 69.8%(96명 중 67명)로 나타나, 영세 사업장의 경우 직장 내 성폭력 사건을 예방할 수 가장 기본적인 교육마저 실시되고 있지 않음을 확인할 수 있다. 비록 같은 내용, 같은 방식으로 성희롱 예방교육을 받은 것은 아니지만, 실효성에 대한 성별 간 인식 차이가 나타났다. 성희롱 예방교육을 받은 사람 중에서 '실효성이 없다고 생각한다'고 응답한 남성의 비율은 56.1%(57명 중 32 명)인 반면, 여성의 비율은 75.4%(204명 중 154명)였다. 노동조합이 있는 경우에는 38.1%(84명 중 32명)가 '성희롱 예방교육을 받지 않았다'고 답을 해 노동조합이 없는 경우(49.9%)보다는 조금 나았지만, '성희롱 예방교육을 받았으나 실효성이 없다고 생각한다'고 답한 비율은 40.5%로 나타나, 노동조합이 없는 경우(36.5%)와 큰 차이를 보이지 못했다. 정말 성폭력을 예방할 수 있는, 실효성 있는 교육이 요구되는 현실이다.

	수	백분율
성희롱 예방교육을 받았고 실효성이 있었음	75	15.0%
성희롱 예방교육을 받았으나 실효성이 없다고 생각함	186	37.1%
성희롱 예방교육을 받지 않음	240	47.9%
합	501	100.0%

성희롱 예방교육을 받았고 실효성이 있었음 15.0%

성희롱 예방교육을 받지 않음 47.9%

성희롱 예방교육을 받았으나 실효성이 없다고 생각함 37.1%

직장 내 성차별

당신이 속한 회사에서 성별을 이유로 차별받은 경험이 있다면, 해당하는 경우를 선택해 주세요.(복수 응답 가능)

실태조사 응답자 501명 중 181명(36.1%)이 직장 내 성차별을 경험한 적이 있다고 응답했다. 성별 비율을 보면, 남성은 117명 중 26명(22.2%), 여성은 384명 중 155명(40.4%)이 성차별을 경험한 적이 있다고 응답했다. 차별의 형태로는 '일상적인 차별 발언'이 42.5%(77명)로 가장 많았고, '승진 제한 등 인사상의 불이익' 31.5%(57명), '임금, 복지 등 근로 조건의 불평등' 30.4%(55명), '부당한 업무 역할 구분' 48명(26.5%)이 그 뒤를 이었다. 성별로 상세히 살펴보면, 여성의 경우 전체 평균 비율과 비슷하게 나왔으나, 남성의 경우에는 '부당한 업무 역할 구분'이 53.8%로 가장 높았고, 그다음이 '일상적인 차별 발언'(38.5%)이었다. 연령별로 살펴보면, 20대와 30대에서는 '일상적인 차별 발언'의 비율(각각 52.5%, 40.0%)이 가장 높았는데, 40대에서는 '승진 제한 등 인사상의 불이익'의 비율(40.0%)이 가장 높았다. 업무별로 살펴보면, 편집 · 기획과 영업 · 마케팅에서는 '일상적인 차별 발언'의 비율(각각 44.3%, 47.4%)이 가장 높았고, 디자인과 기타 업무에서는 '임금, 복지 등 근로 조건의 불평등'의 비율(각각 46.4%, 33.3%)이 가장 높았다. 직원 수별로 살펴보면, 다른 곳은 대부분 '일상적인 차별 발언'의 비율이 가장 높았는데, 5명 이상 10명 미만 사업장의 경우에는 '임금, 복지 등 근로 조건의 불평등'의 비율이 37.0%로 가장 높았다. 그리고 50명 이상 100명 미만 사업장에서는 '승진 제한 등 인사상의 불이익'의 비율이 '일상적인 차별 발언'과 함께 50.0%로 가장 높은 수치를 기록했다. 노동조합이 있을 경우에는 '승진 제한 등 인사상의 불이익'의 비율이 46.7%로 가장 높았다. 응답자들이 직접 기타 의견으로 작성한 사례들을 살펴보면, '남성 편집자의 능력이 상대적으로 다소 부족해도 우회적으로 보듬는다', '성차별적 발언', '남자 직원들에게 육체노동 전가', '점심 시간에 남아 주문 전화를 받는 것은 여성들만 돌아가면서 한다', '결혼 여부에 따른 차별', '임신과 출산에 부정적인 분위기', '해고는 여성부터', '탕비실 청소는 여성만⋯⋯' 등의 내용이 나왔다. 출판계에 여성 노동자의 수가 남성 노동자에 비해 월등히 많다는 것을 이유로, 출판계가 여성 노동자에게 우호적인 환경일 거라 생각할 수 있을지 모른다. 하지만 이 설문을 보면 여전히 많은 수의 여성 노동자들이 공공연히 성차별을 경험하고 있다는 것을 확인할 수 있다.

	수	백분율
승진 제한 등 인사상의 불이익	57	31.5%
임금, 복지 등 근로 조건의 불평등	55	30.4%
부당한 업무 역할 구분	48	26.5%
일상적인 차별 발언	77	42.5%
기타	1	0.6%

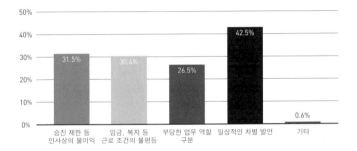

성적 수치심

업무와 연관돼 성적 수치심을 느낀 적이 있다면, 어떤 경우였나요?(복수 응답 가능)

실태조사 응답자 501명 중 155명이 업무와 연관돼 성적 수치심을 느낀 적이 있다고 응답했다. 3명 중 1명꼴이다. '성적인 언어 희롱'이 104명으로 가장 많았고, 그다음으로 '의도적인 신체 접촉', '욕설' 등의 순이다. 이 항목의 응답자를 성별로 나눠 보면, 남성은 11.1%(117명 중 13명), 여성은 37.0%(384명 중 142명)로, 남성보다는 여성이 업무 관련 성폭력을 경험한 빈도가 높다는 것을 알 수 있다. 성, 연령, 업무, 경력, 고용 상태, 회사 유형, 직원 수 등과 관계없이 대체로 '성적인 언어 희롱'(67.1%)과 '의도적인 신체 접촉'(42.6%)이 가장 높은 비율을 차지했다. 그런데 영업·마케팅에서는 '성적인 언어 희롱'의 비율(42.9%)이 평균 비율보다 조금 낮은 대신, '욕설'(21.4%)이 '의도적인 신체 접촉'(21.4%)과 함께 높은 수치를 보였다. 또 비정규직에서는 '성적인 언어 희롱'(50.0%) 다음으로 '일과 후 개인적인 만남 강요'(25.0%)가 두 번째로 높게 나왔다. 실태조사 참가자 중 비정규직의 수는 그리 많지 않지만, 주의 깊게 살펴야 할 내용으로 보인다. 그 외 영업·마케팅에서 '기타' 사례의 비율이 28.6%로 높게 나왔는데, '회식 자리 배치 강요', '회식 때 성추행당했다' 등 회식과 관련된 내용이 많았다. 성적 수치심을 느낀 적이 있다고 응답한 분들이 직접 남긴 사례로는, '필자들이 문제가 될 언행을 했으나, 동석한 남성인 상사가 이에 대해 문제의식을 느끼지 못하고 그냥 넘어갔다', '저자가 미팅 중에 불쾌한 성적 농담을 했다', '저자가 듣기 불편한 성적 농담을 했다', '저자가 술자리에서 신체 접촉을 했다', '거래처, 저자 미팅 시 성희롱을 경험했다', '사장과 저자가 20대, 40대인 여자 직원 앞에서 대놓고 비교하며 불쾌한 언사를 했다' 등의 내용을 살펴볼 수 있었다.

	수	백분율
의도적인 신체 접촉	66	42.6%
성적인 언어 희롱	104	67.1%
욕설	15	9.7%
일과 후 개인적 만남 강요	15	9.7%
기타	9	5.8%

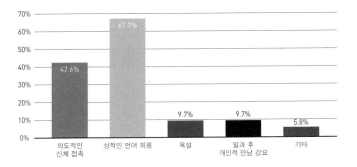

성적 수치심 — 가해자

업무와 연관돼 성적 수치심을 느끼게 된 사건의 가해자는 누구였나요? (복수 응답 가능)

실태조사 응답자 501명 중 172명이 답했다. '사용자나 상사'라는 응답이 61.6%(106명), '저자·역자 등'이라는 응답이 40.7%(70명)로 다수를 차지했다. 이러한 경향은 성별, 연령, 경력, 고용상태, 회사 유형, 직원 수 등에 관계없이 동일하게 나타났다. '기타' 의견으로는 '저자의 지인', '언론사 기자', 심지어는 '독자'라는 의견도 있었다. 업무별로 살펴보면, 편집·기획은 대체로 전체 비율과 비슷한 분포를 보였는데, 디자인은 (직접 상대하는 비율이 낮은) 업무 특성상 '저자·역자 등'의 비율이 16.7%로 전체 비율(40.7%)보다 크게 떨어졌다. 영업·마케팅은 '저자·역자 등'의 비율(14.3%)보다 '거래처 사람'의 비율(21.4%)이 높았는데, 이것도 영업·마케팅 업무의 특성에서 기인한 것으로 보인다. 특히나 제작이나 회계 등의 '기타' 업무에서는 '거래처 사람'의 비율(33.3%)이 '사용자와 상사'의 비율(33.3%)과 함께 가장 높은 수치를 보여 이 업무 담당자들의 고충을 짐작하게 한다. 경력별로 살펴보면, 경력 4년 차에서 '사용자나 상사'의 비율과 '저자·역자 등'의 비율이 50.0%로 같은 수치를 보인 것과 7~9년 차에서 '저자·역자 등'의 비율(53.2%)이 '사용자나 상사'의 비율(48.9%)보다 높은 것이 눈에 띄었다. 전체적으로 경력 1~3년 차까지는 '사용자나 상사'의 비율(각각 85.7%, 78.6%, 73.7%)이 평균 비율 61.6%보다 크게 높았는데, 반면 '저자·역자 등'의 비율(각각 14.3%, 21.4%, 31.6%)은 평균 비율 40.7%보다 낮았다. 직원 수 100명 이상의 사업장에서도 '저자·역자 등'의 비율(57.1%)이 '사용자나 상사'의 비율(52.4%)보다 높았다. 앞의 문항에서는 성적 수치심을 느낀 경험이 있다고 대답한 사람이 155명이었는데, 가해자를 지목하는 이번 문항에서는 응답자 수가 172명으로 늘어났다. 이는 자신이 직접 겪지 않았더라도, 누군가에게 들어서, 또는 동료가 겪어서 알고 있는 사례를 가지고 응답한 경우가 있기 때문인 것으로 풀이된다.

	수	백분율
사용자나 상사	106	61.6%
직장 동료	22	12.8%
저자 · 역자 등	70	40.7%
거래처 사람	16	9.3%
기타	6	3.5%

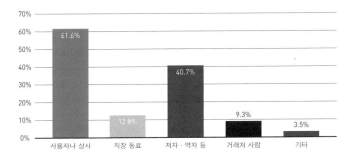

성적 수치심 ─ 문제 제기

업무와 연관돼 성적 수치심을 느끼게 된 경우에 공개적으로 문제 제기를 했나요?

응답자 175명 중 40명(22.9%)만이 '문제 제기했다'라고 대답했고, 124명(70.9%)은 '문제 제기하지 않았다'라고 답해, 직장 내 성폭력 사건이 발생했을 때 대부분의 당사자가 이에 대해 문제를 제기하지 못하고 있다는 것을 확인할 수 있다. 성별로 살펴보면, 남성의 경우 14명 중 5명(35.7%)이 '문제 제기했다'라고 대답해, 여성의 경우(161명 중 35명, 21.7%)보다 높은 수치를 나타냈다. 연령별로 살펴보면, 20대에서 '문제 제기했다'라고 답한 비율이 8.2%(61명 중 5명)로 나와, 30대의 31.7%(104명 중 33명)와 40대의 20.0%(10명 중 2명)에 비해 낮은 수치를 보였다. 업무별로 살펴보면, 편집·기획은 전체 비율과 비슷한 분포를 보이나, 디자인은 '문제 제기했다'의 비율이 12.5%(24명 중 3명)로 가장 낮은 수치를 보였다. 영업·마케팅은 '문제 제기했다'의 비율이 33.3%(15명 중 5명)으로 전체 비율(22.9%)보다 높은 수치를 보였다. 기타 업무에서는 '문제 제기했다'는 비율이 30.0%(10명 중 3명)으로 나타났다. 고용 상태로 살펴보면, 비정규직은 '문제 제기했다'는 비율이 10.0%(10명 중 1명)로, 정규직의 경우(165명 중 39명, 23.6%)보다 굉장히 낮은 수치를 보여, 비정규직의 불안정한 고용 상태가 이런 부분에도 영향을 미치고 있음을 알 수 있다.구체적인 사례로는, '가해자에게 간접적으로 경고함', '(피해자가) 회사를 그만둠', '공개적으로는 아니고 내부에서 가해자에게 직접 문제 제기함', '비공식적으로 정보 공유', '현장에서 불쾌한 기분 드러냄', '저자가 술자리에서 성추행을 저지른 사실을 직장 상사들에게 이메일로 공개했으나, 그 이후 저자가 (피해자를) 무시하기 시작함', '공개적인 자리에서 '이러지 마시라'고 문제 제기했더니 그 이후 (피해자를) 무시', '공개적 문제 제기라기보다는 그 자리에서 정색해서 해결', '내부에서 직원끼리만 공유', '직장 상사에게 말함', '(가해자인 저자에게) 다신 연락 안 함', '상사에게 일어난 일에 대해 문제를 제기했음', '남성 동료들이 농담조로 제기', '소송 진행 중', '농담으로 에둘러 지적함' 등이 있다.

	수	백분율
문제 제기했음	40	22.9%
문제 제기하지 않았음	124	70.9%
기타	11	6.2%
합	175	100.0%

성적 수치심 — 문제 제기 후 사후 조치

공개적으로 문제 제기를 했을 때 사후 조치가 이루어졌나요? 그 조치에 만족했나요?(복수 응답 가능)

'성적 수치심을 느꼈을 때 문제 제기' 문항에서 '문제 제기했다'라고 대답한 40명이 이 문항에 응답했다. 그 결과 '사후 조치가 미비했다'고 대답한 사람이 26명(65.0%)으로 가장 많았고, '사후 조치가 있었으나 결과는 불만족스러웠다'고 대답한 사람이 9명(22.5%), '강력한 사후 조치가 있었고 그 결과에 만족한다'고 대답한 사람은 4명(10.0%)에 불과했다. 직장 내 성폭력 사건이 발생할 때, 현실적으로 문제를 제기하는 것도 쉽지 않은 상황인데, 실제 문제 제기를 하더라도, 이렇게 사후 조치가 미흡하거나 사후 조치가 있더라도 그 결과가 불만족스럽다는 것은 앞으로 성폭력 사건의 예방과 해결을 더 어렵게 하는 요인이 될 것으로 보인다.

	수	응답자 40명 대비 백분율
강력한 사후 조치가 있었고 그 결과에 만족함	4	10.0%
사후 조치가 있었으나 결과는 불만족스러웠음	9	22.5%
사후 조치가 미비했음	26	65.0%
무응답	1	2.5%

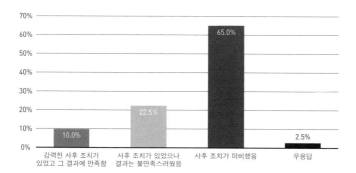

성적 수치심 — 문제 제기 후 사후 조치 만족 여부

사후 조치에 대해 만족하지 않았다면 그 이유는 무엇인가요?(복수 응답 가능)

응답자 40명 중, '직장 내 성폭력 문제에 대한 인식과 대응 매뉴얼이 부재하다'고 대답한 사람이 21명(52.5%)으로 가장 많았고, 그다음으로 '조치 이후 오히려 피해자의 입장만 곤란해졌다'(42.5%), '가해자에 대한 처벌이 부족했다'(40.0%) 등의 순이었다. 그런데 피해자의 입장만 곤란해졌다거나, 가해자에 대한 처벌이 부족했다, 조치 과정에서 2차 가해가 발생했다는 등의 이 모든 문제들은 어찌 보면 출판계에 직장 내 성폭력 문제에 대한 인식과 대응 매뉴얼이 부재하기 때문이라고 볼 수 있을 것이다. 응답자들이 직접 밝힌 구체적인 사례로는, '상사가 대신 건의해 조치했다', '같이 있던 상사에게 도움을 요청했으나 상사가 그 자리를 회피했고 그 후로는 문제 제기를 하지 않고 상황을 피하는 등의 소극적인 방법으로 혼자 해결하고 있다', '선배들이 사적으로 그 상황을 모면하게 도와주었다', '여자 상사로부터 이번 일은 그냥 넘어가고 다음에 이런 일이 또 일어나면 그때는 공개적으로 문제를 삼겠다는 말만 듣고 결과적으로 없었던 일이 되었다' 등이 있었다.

	수	응답자 40명 대비 백분율
가해자에 대한 처벌이 부족했음	16	40.0%
조치 과정에서 2차 가해가 발생했음	5	12.5%
조치 이후 오히려 피해자의 입장만 곤란해졌음	17	42.5%
직장 내 성폭력 문제에 대한 인식과 대응 매뉴얼이 부재함	21	52.5%
무응답	7	17.5%

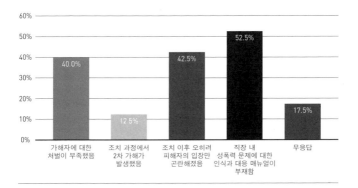

생리휴가

당신이 속한 회사에서는, 생리휴가를 자유롭게 청구해 쓸 수 있나요?

전체 응답자 501명 중, '쓸 수 없다'고 대답한 사람이 240명(47.9%)으로 가장 많았고, '모른다'라고 대답한 사람이 148명(29.5%)으로 그다음, '생리휴가를 자유롭게 청구해 쓸 수 있다'라고 대답한 사람이 113명(22.6%)으로 가장 적었다. 성별로 살펴보면, 남성의 경우 '모른다'라고 대답한 비율이 54.7%로 가장 높아, 역시 당사자가 아니라 잘 모르고 있는 것으로 드러났고, 여성의 경우는 '쓸 수 없다'라고 답한 비율이 57.3%로 가장 높았다. 하지만 여성의 경우에도 '모른다'라고 답한 사람이 21.9%나 됐다. 업무별로 살펴봤을 때, 영업 · 마케팅에서 '모른다'의 비율이 가장 높게 나온 것은 이 업무에 남성이 많기 때문으로 보인다. 고용 상태로 살펴보면, '생리휴가를 자유롭게 청구해 쓸 수 있다'라고 응답한 비율이 정규직은 23.6%인데 비해, 비정규직은 3.8%로 나타나, 고용 상태가 불안할수록 생리휴가 역시 보장받기 힘들다는 것을 보여 준다. 그나마 희망적인 것은 노동조합이 있는 경우, '생리휴가를 자유롭게 청구해 쓸 수 있다'라고 응답한 비율이 85.7%로 나타나, 노동조합이 없는 경우(9.8%)와 큰 차이를 보였다는 점이다. 이는 노동조합이 있는 경우 단체협약에 생리휴가 관련 조항을 적극적으로 포함시켜 보장받고 있기 때문인 것으로 보인다.

	수	응답자 40명 대비 백분율
생리휴가를 자유롭게 청구해 쓸 수 있음	113	22.6%
쓸 수 없음	240	47.9%
모름	148	29.5%
합	501	100.0%

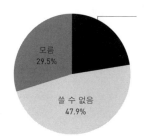

생리휴가를 자유롭게
청구해 쓸 수 있음
22.6%

모름
29.5%

쓸 수 없음
47.9%

생리휴가를 쓰지 못하는 이유

생리휴가를 자유롭게 청구해 쓸 수 없다면, 그 이유는 무엇인가요? (복수 응답 가능)

앞 문항에서 '쓸 수 없다'라고 답한 240명이 이 문항에 응답했다. 이 중 '사용자나 상사의 눈치가 보여서'라고 대답한 사람이 165명(68.8%), '무급휴가라서'라고 대답한 사람이 80명 (33.3%)으로 가장 많은 수치를 보였다. 그다음으로 '업무가 많아서'(25.8%), '관련 법률이 있는 줄 몰라서'(25.8%) 등의 순이었다. 성별, 연령, 업무, 경력, 고용 상태, 직원 수, 노동조합 유무 등과 관계없이 '사용자나 상사의 눈치가 보여서'의 비율이 가장 높았다. '관련 법률이 있는 줄 몰라서'라고 대답한 비율도 두 번째로 높게 나왔다. 노동자의 권리에 관한 일상적인 교육 활동이 필요해 보인다. 근로기준법 제73조에 따르면, 여성 노동자가 청구하면 월 1일의 생리휴가를 주어야 한다고 돼 있다. 다만 법에서 정한 바로는 무급 휴가라서, 단체협약이 아니면 쓰기 어려운 것이 현실이다.

	수	응답자 240명 대비 백분율
무급 휴가라서	80	33.3%
사용자나 상사의 눈치가 보여서	165	68.8%
동료의 눈치가 보여서	26	10.8%
업무가 많아서	62	25.8%

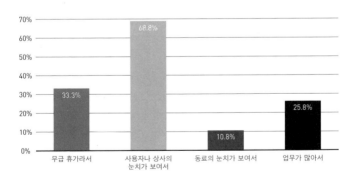

출산전후휴가

당신이 속한 회사에서는 출산전후휴가를 충분히 보장하고 있나요?

전체 응답자 501명 중, '법에서 정한 대로 보장받고 있다'고 대답한 사람이 264명(52.7%)으로 가장 많았다. 그다음으로 '모른다'라고 대답한 사람이 145명(28.9%), '전혀 보장받지 못한다(사실상 퇴사해야 한다)'고 대답한 사람은 51명(10.2%), '법에서 정한 바보다 미달해 보장받는다'고 답한 사람은 41명(8.2%)으로 가장 적었다. 근로기준법 제74조에 따르면, 사용자는 임신 중인 여성 노동자에게 출산 전후로 90일(쌍둥이는 120일)의 출산전후휴가를 주어야 한다. 이 경우 휴가 기간의 배정은 출산 후에 45일(쌍둥이는 60일) 이상이 돼야 하고, 출산전후휴가의 최초 60일(쌍둥이는 75일)은 유급이다. 성별, 연령, 업무, 경력 등 대부분의 영역에서 '법에서 정한 대로 보장받고 있다'의 비율이 가장 높았지만, 기타 업무와 경력 1년 차와 2년 차, 직원 수 10명 미만에서는 '모른다'의 비율이 가장 높았다. 그리고 비정규직에서는 '전혀 보장받지 못한다(사실상 퇴사해야 한다)'의 비율이 가장 높아, 비정규직의 불안정한 고용 상태를 확인할 수 있었다. 직원 수가 많을수록 '법에서 정한 대로 보장받고 있다'고 대답한 비율이 높아졌고, 반면에 '전혀 보장받지 못한다'와 '모른다'라고 대답한 비율은 낮아졌다. 노동조합이 있는 경우 '법에서 정한 대로 보장받고 있다'의 비율이 81.0%로 노동조합이 없는 경우(47.0%)보다 크게 높다는 것을 알 수 있다.

	수	백분율
법에서 정한 대로 보장받고 있음	264	52.7%
법에서 정한 바보다 미달해 보장함	41	8.2%
전혀 보장받지 못함(사실상 퇴사해야 함)	51	10.2%
모름	145	28.9%
합	501	100.0%

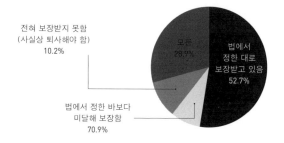

배우자 출산휴가

당신이 속한 회사에서는 배우자 출산휴가를 얼마나 보장하고 있나요?

전체 응답자 501명 중, '모른다'라고 대답한 사람이 291명(58.1%)으로 가장 많았고, '배우자 출산휴가를 보장하지 않는다'라고 응답한 사람이 82명(16.3%)으로 두 번째로 많았다. '출산전후휴가' 문항 때도 '모른다'라고 답한 사람이 두 번째로 많았는데, 배우자 출산휴가는 정말 당사자가 아니면 관심 갖기 어렵기 때문에 이런 결과가 나온 것으로 보인다.

남녀고용평등과 일·가정 양립 지원에 관한 법률 제18조의2에 따르면, 사용자는 노동자가 배우자의 출산을 이유로 30일 이내에 청구하는 경우 5일에서 3일 이상의 휴가를 주어야 하고, 최초 3일은 유급 휴가이다. 전체적으로 성별, 연령, 업무, 경력, 고용상태, 직원 수 등에 관계없이 '모른다'라고 대답한 비율이 가장 높았는데, 특이하게도 경력 15년 이상에서는 '배우자 출산휴가를 보장하지 않는다'가 가장 높은 비율을 차지했고, 노동조합이 있는 경우에는 '5일 이상'이라고 답한 비율이 39.3%로 가장 높은 비율을 차지했다. 비정규직의 경우, '모른다'라고 대답한 사람의 비율이 73.1%(26명 중 19명)로, 정규직의 경우(475명 중 272명, 57.3%)보다 크게 높았고, '배우자 출산휴가 보장하지 않는다'의 비율도 26.9%(7명)로, 정규직의 경우(75명, 15.8%)보다 높았다. 무엇보다 비정규직의 경우, '5일 이상'이나 '3~4일', '3일 미만'이라고 답한 이가 아예 없어서, 비정규직의 노동 현실을 여실히 보여 줬다.

	수	백분율
5일 이상	57	11.4%
3~4일	50	10.0%
3일 미만	21	4.2%
배우자 출산휴가를 보장하지 않음	82	16.3%
모름	291	58.1%
합	501	100.0%

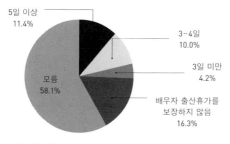

육아휴직, 육아기 근로시간 단축

당신이 속한 회사에서는 육아휴가를 보장하고 있나요?

전체 응답자 501명 중, '모른다'라고 대답한 사람이 203명(40.5%)으로 가장 많았다. 반면 '법에서 정한 대로 보장받고 있다'고 대답한 사람은 146명(29.1%)로 두 번째에 그쳤다. '전혀 보장받지 못한다'고 답한 사람은 99명(19.8%), '법에서 정한 바보다 미달해 보장한다'고 대답한 사람은 53명(10.6%)으로 가장 적었다. 앞의 출산휴가에 관한 문항과 마찬가지로 연령과 경력이 낮을수록 '모른다'라고 대답한 사람의 비율이 높아지는 경향을 보이는데, 이것은 연령과 경력이 낮을수록 육아휴직의 당사자가 될 가능성이 적기 때문인 것으로 보인다. 남녀고용평등과 일·가정 양립 지원에 관한 법률 제19조에 따르면, 만 8세 미만 또는 초등학교 2학년 이하의 자녀를 양육하기 위해 노동자는 휴직을 신청할 수 있다. 이 경우 '육아휴직(1년 이내, 육아휴직 기간은 근속기간에 포함)'이나, 육아휴직을 대신해 '육아기 근로시간 단축(1년 이내, 단축 후 주당 15시간 이상 30시간 미만)'을 신청할 수 있다.성별, 연령, 업무, 경력, 고용상태, 직원 수 등에 관계없이 전체적으로 '모른다'의 비율이 가장 높았지만, 경력 10~14년과 15년 이상에서는 '법에서 정한 대로 보장받고 있다'의 비율이 가장 높고, 그다음이 '모른다'로 나타났다. 직원 수 10명 이상 30명 미만과 50명 이상100명 미만에서도 '법에서 정한 대로 보장받고 있다'의 비율이 가장 높았고, '100명 이상'에서는 '법에서 정한 대로 보장받고 있다'의 비율과 '모른다'의 비율이 같은 수치로 가장 높은 비율을 자치했다. 연 매출액 50억 원 이상에서도 '법에서 정한 대로 보장받고 있다'의 비율이 가장 높았고, 그다음이 '모른다'로 나타났다. 노동조합이 있는 경우에는 '법에서 정한 대로 보장받고 있다'의 비율이 66.7%(84명 중 56명)로 가장 높았고, 그다음은 '법에서 정한 바보다 미달해 보장받는다', 세 번째가 '모른다'로 나왔다. 반면 노동조합이 없는 경우에는 '법에서 정한 대로 보장받고 있다'고 답한 비율이 21.6%(417명 중 90명)로 노동조합이 있는 경우와 세 배 이상 차이를 보였다.

	수	백분율
법에서 정한 대로 보장받고 있음	146	29.1%
법에서 정한 바보다 미달해 보장함	53	10.6%
전혀 보장받지 못함	99	19.8%
모름	203	40.5%
합	501	100.0%

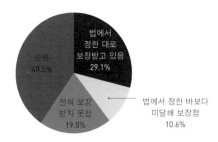

출산휴가, 육아휴직 등을 못 쓰는 이유

출산휴가나 육아휴가를 충분히 사용하지 못하고 있다면 그 이유는 무엇인가요?(복수 응답 가능)

289명이 응답했다. '사용자나 상사의 눈치가 보여서'라고 대답한 사람이 191명(66.1%)으로 가장 많았고, '해고나 실직의 우려 때문에'라는 대답한 사람이 160명(55.4%)으로 두 번째로 많았다. '해고나 실직의 우려 때문에'의 비율이 두 번째라는 것은 결국 육아휴가를 사용하지 못하게 되는 이유가 일자리를 잃을지도 모른다는 불안 때문이라는 것을 보여 준다. 남녀고용평등과 일·가정 양립 지원에 관한 법률 제19조에, 사업주는 육아휴직을 이유로 해고할 수 없고, 휴직 이후 같은 수준의 업무로 복귀시켜야 한다고 명시돼 있다. 하지만 노동자들이 실제 느끼는 불안이 적지 않음을 확인할 수 있다. 전체적으로 살펴보면, 성별, 연령, 업무, 경력 등에 관계없이 대체로 '사용자나 상사의 눈치가 보여서'의 가장 높았지만, 디자인 업무에서는 '해고나 실직의 우려 때문에'(68.5%)의 비율이 가장 높고, 그다음이 '사용자나 상사의 눈치가 보여서'(59.4%)로 나타났다. 또 경력 15년 이상에서도 '해고나 실직의 우려 때문에'(54.5%)의 비율이 가장 높고, '사용자나 상사의 눈치가 보여서'(36.4%)가 그다음을 차지했다. 회사 유형별로 봤을 때, 자회사의 경우에도 '해고나 실직의 우려 때문에'(81.6%)의 비율이 가장 높고, '사용자나 상사의 눈치가 보여서'(65.8%)가 두 번째였다. '관련 법률을 잘 몰라서'라고 대답한 사람을 살펴보면, 남성(33.3%), 기타(회계, 관리, 제작 등) 업무(35.7%), 경력 4년 차(30.8%)에서 전체 비율(20.4%)보다 높은 수치를 보였다. 노동조합이 있는 경우 '사용자나 상사의 눈치가 보여서'의 비율이 85.4%(41명 중 35명)로 노동조합이 없는 경우(248명 중 156명, 62.9%)보다 높게 나왔지만, 대신 '해고와 실직의 우려 때문에'의 비율은 36.6%로 노동조합이 없는 경우(58.5%)보다 낮게 나왔다.

	수	응답자 289명 대비 백분율
해고나 실직의 우려 때문에	160	55.4%
사용자나 상사의 눈치가 보여서	191	66.1%
동료의 눈치가 보여서	43	14.9%
업무가 많아서	88	30.4%
관련 법률이 있는 줄 몰라서	59	20.4%

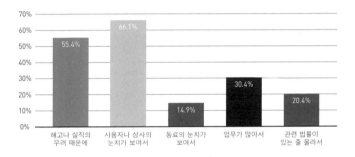

육아시설

당신이 속한 회사에는, 직장 내 어린이집이나 수유시설 등의 육아시설이 있나요?

전체 응답자 501명 중, '육아시설이 없다'라고 답한 사람이 464명(92.6%)으로 가장 많았다. '육아시설이 있다'이라고 대답한 사람은 23명(4.6%)에 불과했다. 비정규직의 경우 '모름'이라고 대답한 비율이 15.4%(26명 중 4명)로 전체 비율(2.8%)과 큰 차이를 보였고, 직원 수 100명 이상의 경우 '육아시설이 있음'의 비율이 16.7%(72명 중 12명)로 전체 비율(4.6%) 보다 상당히 높은 수치를 보였다. 남녀고용평등과 일·가정 양립 지원에 관한 법률 제21조에 따라 사용자는 직장 내 어린이집을 설치해야 하지만, 현실에서는 잘 지켜지지 않고 있다는 것을 확인할 수 있다.

	수	백분율
육아시설이 있음	23	4.6%
육아시설이 없음	464	92.6%
모름	14	2.8%
합	501	100.0%

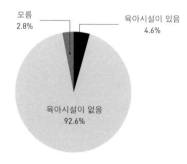

가족돌봄휴직

당신이 속한 회사에서는, 가족돌봄휴직을 보장하고 있나요?

전체 응답자 501명 중, '모른다'라고 대답한 사람이 251명(50.1%)으로 가장 많았고, '보장 하고 있지 않다'라고 대답한 사람이 222명(44.3%)으로 그다음으로 많이 나왔다. 남녀고용 평등과 일·가정 양립 지원에 관한 법률 제22조의2에 따르면, 노동자가 가족을 돌보기 위한 휴직(가족돌봄휴직)을 신청하는 경우, 사용자는 연간 최장 90일의 가족돌봄휴직을 보장해 야 하지만, 대부분의 응답자가 이 혜택을 받지 못하고 있는 것으로 드러났다. '모른다'의 비율 이 전체적으로 가장 높게 나오기는 했지만, 연령 40대 이상, 디자인과 기타(회계, 관리, 제작 등)업무, 경력 2년 차와 10년 이상, 비정규직, 직원 수 30명 미만, 연 매출액 100억 원 미만 에서는 '보장하고 있지 않다'는 비율이 '모른다'보다 높은 수치를 보였다. 그리고 영업·마케 팅(61.3%), 경력 4년 차(62.3%), 직원 수 100명 이상(66.7%)에서 '모른다'의 비율이 전체 비율(50.1%)보다 큰 차이로 높게 나왔다. '보장하고 있다'의 비율도 40대 이상(12.5%), 직 원 수 30명 이상 50명 미만(17.9%), 노동조합이 있는 경우(11.9%), 연 매출액 50억 원 이 상 100억 원 미만(14.3%)에서 전체 비율(5.6%)보다 큰 차이로 높게 나왔다.

	수	백분율
보장하고 있음	28	5.6%
보장하고 있지 않음	222	44.3%
모름	251	50.1%
합	501	100.0%

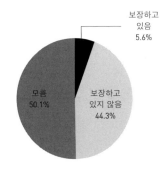

9. 노동조합

노동자들의 이해를 대변하는 조직

당신이 속한 회사에는, 노동조합이나 노사협의회 등 노동자들의 이해를 대변하는 조직이 있나요?(복수 응답 가능)

전체 응답자 495명 중, '노동조합'이라고 대답한 사람은 84명(17.0%)이고, '노사협의회'이라고 대답한 사람은 41명(8.3%), '직원협의회, 사우회 등'이라고 대답한 사람은 21명(4.2%)인 것으로 나타났고, 362명(73.1%)은 '없다'라고 대답했다. 실제 출판계의 노동조합 조직률과 수치에서 차이가 보이는 것은 응답자들 중 출판노조협의회 조합원의 참여가 많았음을 짐작할 수 있겠다. 근로자 참여 및 협력 증진에 관한 법류에 따라 상시 직원 30명 이상이 근무하는 사업장에는 노사협의회가 의무적으로 설치돼야 하는데, 조사 결과 30명 이상 사업장에서 일하는 사람 183명 중 노사협의회가 있다고 대답한 사람이 41명인 것으로 봐서, 해당 사업장에 노사협의회가 서류상에만 존재할 뿐 실질적인 역할을 하지 못하고 있기 때문에 출판노동자들이 그 존재를 모르고 있는 것으로 보인다. 혹은 노동조합이 있는 경우, 노사협의회가 있더라도 노동조합 한 곳에만 표시를 한 것으로 보인다. 그렇다 하더라도 30명 이상 사업장에서 일하는 출판노동자들 중 많은 수가 노사협의회의 존재를 모른다는 것은 그 역할이 거의 없다는 것을 보여 준다고 하겠다. 회사의 규모에 따라 노동조합 조직률 차이가 큰데, 5명 미만 사업장의 경우 54명 중 '노동조합'이 있다고 대답한 사람은 1명도 없고, 5명 이상 10명 미만 사업장의 경우 96명 중 1명(1.0%)만 '노동조합'이 있다고 대답해, 전체 비율(17.0%)보다 한참이나 낮은 수치를 보였다. 이는 영세 사업장에서 노동조합이 조직되기 어려운 현실을 보여 준다고 하겠다. 반면 50명 이상 100명 미만 사업장의 경우 58명 중 25명(43.1%)이 '노동조합'이 있다고 대답해, 전체 비율보다 상당히 높은 수치를 보였다.

	수	응답자 495명 대비 백분율
노동조합	84	17.0%
노사협의회	41	8.3%
직원협의회, 사우회 등	21	4.2%
없음	362	73.1%

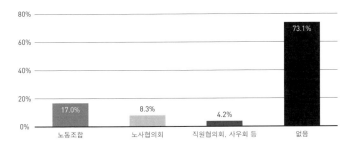

노동조합, 노사협의회의 실효성

회사에 노동자들의 이해를 대변하는 기구가 있는 경우, 이 기구가 노동자들의 근로 조건 개선에 실질적인 도움이 된다고 생각하나요?

전체 응답자 133명 중, '큰 도움이 된다'고 대답한 사람은 36명(27.1%), '약간 도움이 된다'고 대답한 사람은 43명(32.3%), '별로 도움이 되지 않는다'고 대답한 사람은 27명(20.3%), '전혀 도움이 되지 않는다'고 대답한 사람은 24명(18.0%), '무응답'은 3명(2.3%)이다. 조사 결과 도움이 된다는 쪽('큰 도움이 된다', '약간 도움이 된다')이 79명(60.4%), 도움이 되지 않는다는 쪽('별로 도움이 되지 않는다', '전혀 도움이 되지 않는다')이 51명(38.3%)인 것으로 나타났다. 도움이 된다고 대답한 사람이 많기는 하나, 실제로 노사협의회 같은 경우 거의 활동이 없는 경우가 많은 관계로, 도움이 되지 않는다고 대답한 사람 가운데 노동조합과 노사협의회, 직장협의회의 비율을 어느 정도나 되는지 확인하기 어렵다. 노동조합 유무에 따른 결과를 봐도 노동조합이 있는 회사에 다니는 사람들(84명)의 경우 도움이 된다는 쪽이 68명(81.0%), 도움이 되지 않는다는 쪽이 16명(19.0%)으로 나타나 전체 비율보다는 도움이 되는 쪽으로 인식하는 것으로 나타났다.

	수	응답자 133명 대비 백분율
큰 도움이 됨	36	27.1%
약간 도움이 됨	43	32.3%
별로 도움이 되지 않음	27	20.3%
전혀 도움이 되지 않음	24	18.0%
무응답	3	2.3%
합	133	100.0%

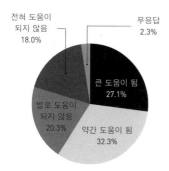

출판노조협의회가 출판노동자들의 권리 향상에 미친 영향

최근 출판계 문제에 출판사 노동조합들이 한데 모여 목소리를 내고 행동에 나서고 있습니다. 이 같은 출판사 노동조합 차원의 적극적 개입이 출판노동자들의 권리 향상에 어떤 영향을 미쳤다고 생각하나요?

전체 응답자 501명 중, '긍정적 영향'이라고 대답한 사람이 280명(55.9%), '부정적 영향'이라고 대답한 사람이 2명(0.4%), '별 영향 없다'고 한 사람이 162명(32.3%), '모른다'고 대답한 사람은 57명(11.4%)으로 나타났다. 여기서 '모른다'고 대답한 사람도 어찌 보면 '별 영향 없다'에 가깝다고 볼 수 있으니, 실제로는 '별 영향 없다'고 한 사람은 219명(43.7%) 정도가 된다고 볼 수 있겠다. 이것으로 봐서 출판노동자들의 상당수가 아직까지는 노동조합의 개입이 출판계 문제를 해결하는 데 별다른 영향을 미치지는 못하고 있다고 생각하는 듯하다. 이 항목에서 두드러진 특징은 편집·기획(30.6%), 디자인(33.3%)보다는 영업·마케팅 쪽에서 '별 영향 없다'고 답한 비율이 45.2%로 전체 비율(32.3%)보다 높게 나왔다는 것이다. 편집·기획, 디자인과 영업·마케팅의 비율 차이는 여러 곳에서 나타나고 있는데, 이것이 출판산업 안에서 편집·기획, 디자인 종사자와 영업·마케팅 종사자 사이의 구조적인 차이인지는 더 살펴봐야 할 것이다.

	수	백분율
긍정적 영향	280	55.9%
부정적 영향	2	0.4%
별 영향 없었음	162	32.3%
모름	57	11.4%
합	501	100.0%

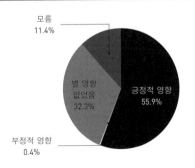

서울경기지역 출판지부에 가입하지 않는 이유

현재 출판계에는 사업장에 노동조합이 없는 외주/재직 출판노동자들이 가입해 활동할 수 있는 '서울경기지역 출판지부'가 있습니다. 하지만 아직은 소수의 출판노동자들만 가입해 있는 상태입니다. 이렇듯 출판노동자들이 서울경기지역 출판지부에 가입하지 않은 가장 큰 이유가 무엇이라고 생각하나요?

전체 응답자 501명 중, '서울경기지역 출판지부가 있다는 것을 몰라서'라고 대답한 사람이 29.5%(148명)로 가장 많았고 그다음으로 '노동조합 활동에 대해 잘 몰라서'라는 응답이 26.7%(134명), '노동조합에 가입했을 때 불이익을 받지 않을까 불안해서'라는 응답은 26.0%(130명)이었다. '서울경기지역 출판지부가 있다는 것을 몰라서'라고 대답한 사람이 가장 많은 것으로 나타났는데, 서울경기지역 출판지부 차원의 일상적인 홍보와 교육 활동이 필요요할 것으로 보인다. 또한 '가입을 적극 권유하는 사람이 없어서'라고 대답한 사람들을 위한 대책도 마련돼야 할 것으로 판단돼, 지속적으로 선전전 등을 실행해 가입을 적극 권유해야 할 것으로 보인다. 여기서 눈여겨볼 것은 기타 의견 중에 '필요성을 못 느껴서'라고 대답한 사람이 13명(2.6%)이 된다는 것인데, 비록 적은 수이기는 하지만 그간의 서울경기지역 출판지부나 출판노협의 활동이 전체 출판노동자들의 노동 조건을 개선하는 데까지는 아직 나아가지 못한 것은 아닌지 고민하게 된다. 한편 '노동조합에 가입했을 때 불이익을 받지 않을까 불안해서'라고 대답한 사람이 130명(25.9%)이나 되는 걸로 봤을 때, 아직까지 노동조합은 사용자에게는 부담스러운 존재이고, 그만큼 기본권에 해당하는 노동조합 설립에 대한 권리가 제한되고 있는 출판계의 현실을 보여 준다고 하겠다. 다른 한편으로는 아직까지 서울경기지역 출판지부나 출판노협이 이러한 부담감을 덜어 주고, 막아 낼 수 있는 역량을 갖추고 있지 못하다는 것을 방증하는 것으로 보인다. 조금 특이한 것은, 노동조합 유무에 따라 이 문항에 대한 답이 조금 다른 결을 보인다는 점이다. 노동조합이 있는 회사에서 일하는 사람(84명)의 경우, '노동조합에 가입했을 때 불이익을 받지 않을까 불안해서'라고 대답한 사람이 10명(11.9%)으로 전체 비율(26.0%)보다 훨씬 낮다는 것이다. 실제 노동조합 조직 과정에서 구체적인 탄압을 받지 않았거나, 애초 노동조합이 있는 회사에 입사했기 때문에 노동조합이 없는 회사에서 일하는 사람들만큼 부담감을 느끼지 않기 때문인 듯하다.

	수	백분율
서울경기지역 출판지부가 있다는 것을 몰라서	148	29.5%
노동조합 활동에 대해 잘 몰라서	134	26.7%
노동조합에 가입했을 때 불이익을 받지 않을까 불안해서	130	26.0%
노동조합에 관해 부정적으로 생각해서	12	2.4%
가입을 적극 권유하는 사람이 없어서	43	8.6%
필요성을 못 느껴서	13	2.6%
여유가 없어서	4	0.8%
기타	5	1.0%
무응답	12	2.4%
합	501	100.0%

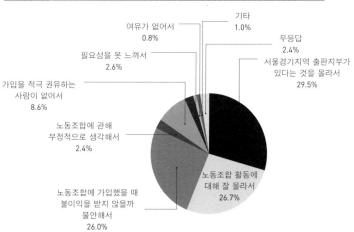

출판노조협의회 중점 사업

2014년 4월, 전국언론노동조합 산하의 9개 출판사 노동조합(그린비 출판사분회, 나라말분회, 돌베개분회, 보리분회, 사계절출판사분회, 서울경기지역 출판지부, 작은책분회, 창비지부, 한겨레출판분회)이 출판계 문제에 대해 힘을 모아 대응하기 위해 '출판노동조합협의회(출판노협)'를 설립했습니다. 앞으로 출판노협이 중점적으로 진행했으면 하는 사업으로 무엇이 있을까요?(복수 응답 가능)

전체 응답자 501명 중, '부당해고 문제 같은 출판노동자 생존권 문제 대응'이 386명(77%)으로 가장 많았다. 그다음으로 '파주출판단지 셔틀버스 문제 해결과 같은 복지 문제 해결'이 243명(48.5%), '출판노동자 대상으로 한 홍보 활동'이 182명(36.3%), '출판 산업 전반에 대한 정책 마련'이 163명(32.5%), '출판계 문제(사재기, 도서정가제 등)에 대한 개입'이 153명(30.5%), '출판노동자를 대상으로 한 강연 등 교육 활동'이 143명(28.5%), '기타' 16명(3.2%) 순으로 나왔다. 직원이 많을수록 복지 문제에 대한 요구가 높은 경향을 보인다. 노동조합이 있는 회사에 다니는 사람 84명 중 59명(70.2%)이 복지 문제 해결을 꼽아 전체 비율 48.5%보다 높게 나왔다. 아무래도 직원 수가 많은 회사나 노동조합이 있는 경우 어느 정도 고용 안전이 보장되는 면이 있어서일 것이고, 자연스레 조합원들은 회사 내 복지 문제에 관심을 갖게 됨을 짐작할 수 있다. 반대로 직원 수 5명 미만 사업장에 다니는 응답자 55명 중 43명(78.2%)이 '생존권 문제 대응'이라 응답했고, '복지 문제 해결'이라고 응답한 사람은 11명(20.0%)이었다. 이는 영세 사업장에 속한 노동자일수록 복지 혜택에 앞서 생존권을 더 절실히 느끼기 때문인 것으로 보인다. 성별로도 조금의 차이를 보이는데, '복지 문제 해결'에서는 남성(39.3%)보다 여성(51.3%)이 더 높은 응답을 보였고, '출판 산업 전반에 대한 정책 마련'에서도 남성(24.8%)과 여성(34.9%)의 차이가 보였다.

	수	응답자 501명 대비 백분율
출판노동자를 대상으로 한 홍보 활동	182	36.3%
출판노동자를 대상으로 한 강연 등 교육 활동	143	28.5%
파주출판단지 셔틀버스 문제 해결과 같은 복지 문제 해결	243	48.5%
부당해고 문제 같은 출판노동자 생존권 문제 대응	386	77.0%
출판계 문제 (사재기, 도서정가제 등)에 대한 개입	153	30.5%
출판산업 전반에 대한 정책 마련	163	32.5%
기타	16	3.2%

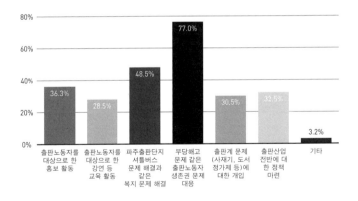

10. 그 밖의 설문

매출 하락으로 인한 압박

출판 시장 위축에 따라 매출 하락을 겪는 출판사가 많습니다. 현재 회사에서 매출 하락으로 인한 압박을 느끼고 있다면 어떤 것이 있나요?(복수 응답 가능)

전체 응답자 501명 중, '임금 동결 혹은 삭감'이라고 대답한 사람이 254명(50.7%)으로 가장 많았고, 그다음으로 '돈 되는 책 중심으로 출간 결정'이라고 응답한 사람이 207명(41.3%)이다. 다음으로는 '인원 감축'이 199명(39.7%), '출간 종수 확대 등의 업무 강도 강화'가 190명(37.9%), '복지 축소'가 168명(33.5%), '업무 외주화'가 75명(15.0%), '기타'가 15명(3.0%) 순이다. 담당 업무별로 살펴보면, 영업·마케팅 분야에서는 '인원 감축'이라는 응답이 전체 비율 39.7%보다 낮은 29.0%(62명 중 18명)를 나타냈고, '출간 종수 확대 등의 업무 강도 강화'에서도 전체 비율 37.9%보다 낮은 29.0%를 나타낸다. 이것은 영업·마케팅 쪽이 다른 업무에 비해 적은 인원으로 운영되고, 또 업무의 특성상 '출간 종수 확대 등의 업무 강도 강화'에서도 편집·기획이나 디자인 쪽보다 영업·마케팅 쪽이 실질적인 부담이 적기 때문인 것으로 보인다. '돈 되는 책 중심으로 출간 결정'이라는 응답은 디자인(29.3%)과 영업·마케팅(33.9%)에서 전체 비율 41.3%보다 낮게 나타나, 편집·기획(45.1%)과 차이를 보였다. 5명 미만인 회사에서는 전체 비율보다 '인원 감축', '업무 강도 강화', '복지 축소' 항목이 낮게 나왔다. 이는 감축할 인원이 없거나, 업무 강도가 원래 강했거나, 축소할 복지가 없기 때문일 가능성이 높아 보인다. 반대로, '복지 축소'에 대한 비율이 직원 수 30명 이상 사업장(42.5%)에서 전체 비율 33.5%보다 높게 나온 것은 평소 어느 정도의 복지 혜택을 받고 있던 곳이라 복지 축소에 따른 영향이 큰 것으로 보인다. 노동조합이 있는 경우, '인원 감축', '업무 강도 강화', '돈 되는 책 중심으로 출간 결정' 부분에서 전체 비율보다 낮은 수치가 보였다. 이로써 노동조합이 최소한의 안전망 역할을 하고 있다고 볼 수 있겠다.

	수	응답자 501명 대비 백분율
임금 동결 혹은 삭감	254	50.7%
인원 감축	199	39.7%
출간 종수 확대 등의 업무 강도 강화	190	37.9%
돈 되는 책 중심으로 출간 결정(출판 다양성 악화)	207	41.3%
복지 축소	168	33.5%
업무 외주화	75	15.0%
기타	15	3.0%

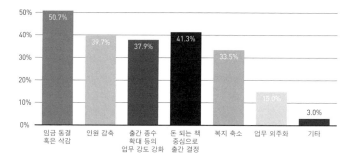

고용을 불안하게 하는 요인

현재 당신의 고용을 가장 불안정하게 하는 요인은 어떤 것인가요?

전체 응답자 501명 중, '출판 시장의 전반적 위기'라고 대답한 사람이 231명(46.1%)으로 가장 많이 나왔고, '사용자의 경영 능력'이 113명(22.5%), '과도한 업무 강도'가 71명(14.2%), '나이와 회사 내 지위'가 51명(10.2%), 기타, 무응답 순으로 나왔다. 이것으로, 출판 시장의 위기라는 것이 출판노동자들의 의식 속에 실질적인 위협으로 자리하고 있다는 것을 알 수 있다. 구체적으로 살펴보면, 경력 5~6년 차 출판노동자가 '출판 시장의 전반적 위기' 부분에서 전체 비율(46.1%)보다 높은 수치(55.7%)를 보였고, 경력 1년 차는 전체 비율보다 낮은 수치(32.1%)를 보였다. 경력 5~6년 차가 자기 전망에 대한 고민이 가장 많을 때가 아닌가 싶고, 1년 차는 아직 이런 문제에 대해 민감하게 반응할 때가 아닌 것으로 짐작할 수 있다. 특이한 점은, 30명 이상 50명 미만의 경우 전체 비율(46.1%)보다 낮은 수치(32.1%)를 보였는데, 대신 '사용자의 경영 능력' 부분에서는 전체 비율(22.6%)보다 높은 수치(39.3%)를 보였다는 것이다. 이 정도 규모의 회사에 다니는 출판노동자의 경우에는 자신이 속한 출판사의 전망이 사용자의 경영 능력에 따라 변화 가능성이 크다고 느끼는 듯하다. 이와 관련해서 직원 수 50명 이상의 경우에는 출판 시장의 전반적 위기 부분에서는 전체 비율보다 높은 55.0%(131명 중 72명)를 보였는데, '사용자의 경영 능력'에서는 전체 비율보다 낮은 12.2%(131명 중 16명)를 보인다. 이것은 어느 정도의 규모가 되는 회사의 경우에는 사용자의 경영 능력에 대한 신뢰가 있다고 볼 수 있을 듯하다. 대신 50명 이상 100명 미만 사업장의 경우 '과도한 업무 강도'에 대한 수치(23.7%)가 전체 비율(14.2%)보다 높게 나왔다. 회사는 안정적이지만 업무 강도는 높다는 것을 보여 주는 것이다. 또 특이한 점은, '사용자의 경영 능력' 부분에서 가장 높은 수치를 보인 업무 영역은 영업·마케팅이라는 것이다. 전체 비율은 22.6%인데, 편집·기획은 19.9%, 디자인은 20.0%, 영업·마케팅은 33.9%이다. 대신 '과도한 업무 강도'와 '나이와 회사 내 지위' 부분에서는 영업·마케팅이 편집·기획과 디자인에 비해 낮은 수치를 보였다. 이는 업무 영역의 차이로 인한 특성인 듯하다.

	수	백분율
출판 시장의 전반적 위기	231	46.1%
사용자의 경영 능력	113	22.5%
과도한 업무 강도	71	14.2%
나이와 회사 내 지위	51	10.2%
기타	10	2.0%
무응답	25	5.0%
합	501	100.0%

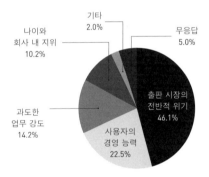

임신·출산·육아 관련 고용 불안, 불이익 사례

임신·출산·육아와 관련해 고용 불안, 휴직 중 업무 처리, 조기 복귀 명령 등 불이익을 당한 적이 있다면 그 사례를 적어 주세요.

임신·출산·육아와 관련해 휴직을 신청했다가 해고나 권고사직을 당한 응답자들이 많은 것으로 나타났다. 근로기준법과 남녀고용평등과 일·가정 양립 지원에 관한 법률에 따르면, 출산휴가나 육아휴가(육아휴직과 육아기 근로시간 단축)를 이유로 해고나 그 밖의 불리한 처우를 해서는 안 되고, 휴직 전과 같은 업무(혹은 동일 임금의 직무)로 복귀시켜야 한다. 휴직 도중 퇴사 처리되거나 복직이 이루어지지 않아 사실상 해고를 당했다는 응답 사례도 있었다. 또한 이와 관련한 휴직을 이유로 승진 심사에서 누락당하거나 휴직 중 일정한 시간 동안 집에서 업무 처리를 해야 했다는 사례도 있었다. 회사 대표나 상사의 직접적인 해고 협박을 받았다는 사례 외에도 휴직을 할 경우 동료의 업무가 과중해지는 것 때문에 자연스레 눈치를 볼 수밖에 없다는 응답도 있었다. 또한 임신·출산·육아 문제 관련해 자신이 직접 불이익을 당하지 않았더라도, 피해를 본 동료나 휴직을 용인하지 않는 회사 분위기로 인해 알아서 퇴사를 하거나 퇴사를 고민하게 된다는 응답들도 있었다. 다음은 몇 가지 주목할 만한 답변을 정리한 것이다.

(1) "현재는 육아휴직이 가능해졌지만, 맨 처음 육아휴직을 받는 사람은 대표와 아주 어렵게 논의를 진행했다. 우선 대표는, 남자라서인지 육아휴직에 대해 아는 것이 없어서 계속 휴직 기간을 줄이자고 종용했다. 논의 끝에 법으로 강제하는 규정이라서 휴직 신청을 거부했을 시 대표가 처벌을 받을 수 있다는 걸 알고서야 마지못해 육아휴직을 허락했다. 하지만 이 와중에 휴직 이후 복귀할 경우 일자리를 보장해 줄 수 없다며 은근히 해고 협박을 하기도 했었다."

(2) "법으로 보장된 휴직제도라 신청은 할 수 있지만, 대표가 해고나 고용 불안 등의 불리한 처우가 발생할 수 있다며 협박을 하기도 했다. 또한 휴직 전후에는 원래의 업무에서 배제시켰고, 본래 업무가 아닌 단순노동에 가까운 업무만 무리하게 시켰고, 임금 협상 대상에서 제외시키기도 했다. 복직 후 휴직 이전 근로에 대해서는 인정해 주지 않고 각종 복지혜택에서 제외되기도 했다."

(3) "회사 내 평직원 중에는 기혼 여성이 아예 없다. 편집장, 실장, 과장을 제외하면 사내 여직원의 평균 연령은 20대이다. 적어도 5년 이상 이러한 인적 구성이 지속된 걸로 안다. 여직원

의 임신에 관련된 복지 문제 해결을 지속적으로 회피한 것으로 추정된다. 연차가 오래되지 않아 잘은 모르지만, '임신하면 퇴사, 퇴사 후에는 외주자, 혹은 경력 단절을 떠안고 재구직' 이렇게 생각하고 있다."

(4) "만삭인 여성 노동자가 사용자에게 출산휴가를 달라고 요청했지만 받아들여지지 않았고 결국은 퇴사를 했다. 이런 선례 때문에 임신 계획이 있지만, 출산휴가를 보장받지 못할까 불안감을 느끼며 회사를 다니고 있다."

(5) "말로는 휴가는 보장한다면서 대체인력은 구해 주지 않는다. 그래서 휴직 중 기존 동료들의 업무강도가 소화 불가능할 정도로 심각해지는데, 이로 인해 복귀하고 나면 인간관계에 심각한 문제가 생겨 자진해서 회사를 그만둘 수밖에 없다."

(6) "아직까지 직접적으로 피해를 본 사례는 없었지만 앞으로 육아휴직을 쓰고 싶은데 걱정이다. 회사도 회사지만 같은 직원들끼리도 이 문제에 대한 인식 차가 있는 것 같다. 한 사람이 빠지면 동료가 힘드니까. 상대적 박탈감도 있고, 사측뿐만 아니라 노동자들도 인식 전환이 필요한 것 같다."

(7) "동료들이 출산휴가를 쓰는 걸 보면 정말 고민이 많다. 아직 사내에서 육아휴직을 신청해 쓴 사람이 1명도 없고, 그렇게까지 이해받을 만한 상황도 되지 않는다. 타 부서 사람이 출산하기 바로 전날까지 격무를 하고 그날 새벽에 아기를 낳고 바로 출산휴가에 들어가는 걸 보고 만감이 교차했다. 미리 인수인계를 해 둔 상태여서 그나마 다행이었다. 다들 출산 후 하루라도 더 쉬기 위해 만삭의 몸으로 일하러 나오는 실태다. 육아휴직이 솔직히 가능할지 잘 모르겠다. 설령 법적으로 보장된다고 해도 현실적으로 사내에서 과연 그걸 쓸 수 있을지도……. 그런 이유로 결혼한 지 여러 해가 지나도록 출산에 대해 여전히 고민이 많다."

임금 체불 사례

임금 체불을 당한 적이 있다면 그 사례를 적어 주세요.

임금이 제때 지급되지 않은 사례로, 회사 경영 악화를 사유로 짧게는 1~2주에서 길게는 3~6
월씩 임금 체불을 경험한 적이 많은 것으로 나타났다. 경영진의 책임으로 회사가 폐업을 하
는 경우, 1~2년 정도 임금 체불 때문에 노동자가 개인적으로 법적 대응을 하는 사례도 있었
다. 근로기준법에 따르면 임금은 일정한 날짜를 정해 통화로 직접 그 노동자에게 전액을 지급
해야 한다. 또한 노동자가 퇴직한 경우에는 퇴직일로부터 14일 이내에 임금, 보상금, 그 밖의
일체의 금품을 지급해야 한다고 규정하고 있다. 만약 이를 위반해 임금을 지급하지 않는다면
고용부 지방지청에 임금 체불을 신고해 해결할 수 있다. 임금 체불은 보통 작은 회사에서만
일어난다고 생각하기 쉬울지 모르나, 이 문항의 응답 내용에 따르면 유명한 대형 출판사에서
도 임금 체불 문제가 왕왕 일어나고 있다는 것을 확인할 수 있다. 몇몇 사례를 꼽아 보았다.

(1) "4년 전 모 출판사에서 일하던 때의 일이다. 당시 사장이 본인의 경영 실패와 배임으로 임
금 지급이 어려워지자 여러 달치의 임금을 지불하지 않았다. 2년 동안 체불 임금을 받지 못하
다가, 공증과 고소 등의 절차를 통해 체불 임금을 간신히 받을 수 있었다."

(2) "대형 교과서 출판사에서 3개월 정도 급여를 체불당했다. 이는 사원급에 해당한 것이고,
과장급 이상은 6개월 정도까지 체불당하는 경우가 공공연하게 발생했다. 퇴직금 역시 밀린
급여와 함께 지급되지 않아, 고용노동부에 신고해 겨우 받아 낼 수 있었다."

(3) "퇴직연금 제도로 바뀐 회사에 다니고 있다. 곧 퇴사 예정인 사람에게 들은 바에 의하면,
퇴사를 불과 몇 주 앞둔 상태에서 퇴직연금을 위한 계좌를 개설하라고 서류를 받았다고 한다.
또한 퇴직연금으로 바뀌기 전에 퇴사한 사람들에게 들은 바는 회사가 외부로 유출하면 안 된
다는 내용이 담긴 일종의 약정서에 서명하도록 했으며, 약정서에는 2개월 후 퇴직금 지급이
라고 써 있었다고 했다."

(4) "회사 대표가 이번에 회사 사정이 어려워 임금 지급이 어찌될지 모르겠다는 정도의 이야
기를 했다. 하지만 막상 임금 체불이 발생했을 때에는 아무런 고지를 듣지 못했다. 이후 처리
과정이 어찌되는지, 얼마나 기다려야 하는지도 알지 못했다. 자세한 내용을 문의했다가 오히
려 대표가 고성을 지르며 화를 낸 적도 있었다."

(5) "단기적으로 회사의 현금 상황이 안 좋았던 적이 있다. 회사 대표는 '고통을 분담해야 한다'며 열흘가량 임금을 체불했다. 단기 차입으로 임금 지급이 가능한 상황이었음에도 의도적으로 임금 체불을 '선택'해 직원들을 압박하기도 했다. 게다가 직원이 무능한 탓에 매출이 떨어졌다며 오히려 직원들 탓을 했다."

(6) "이전에 근무하던 회사에서 빈번히 발생하던 일이다. 모든 직원 임금 체불로 사장이 회사에 출근하지도 않던 기간이 있었다. 그래서 편집부 상사가 개인의 사비로 임금의 반을 먼저 지급해 준 일도 있었다."

부당해고 사례

부당해고를 당한 적이 있다면 그 사례를 적어 주세요. 회사의 퇴사 요구에 대응한 경험이 있다면 그 또한 상세히 적어 주세요.

회사의 경영상 어려움을 이유로 해고를 통보받았다는 응답이 많았다. 하지만 회사가 경영상의 어려움을 이유로 해고를 통보하는 경우에도 법에서 정한 절차를 따랐는지는 확인할 수 없었다. 근로기준법 제23, 24조에는 해고의 제한을 명시하고 있다. 사용자는 근로자에게 정당한 이유 없이 해고 등의 징벌을 하지 못하고, 해고는 적어도 30일 전에 예고를 해야 한다. 긴박한 경양상의 필요로 근로자를 해고하려는 경우, 사용자는 해고를 피하기 위한 방법과 해고의 기준을 노동조합이나 근로자 대표에게 50일 전에 통보하고 성실히 협의해야 한다. 해고는 해고사유와 해고시기를 서면으로 통지해야 효력이 있고 그렇지 않을 경우 부당해고에 해당한다. 또한 일반적으로 사직을 권고할 때 이를 받아들이지 않는 경우에는 업무를 과중하게 부과하거나 사용자나 상사의 언어적 폭력을 동원, 또는 사내 괴롭힘을 통해 자진 퇴사를 유도한다는 응답이 많았다. 해고와 권고사직에 대해 법적으로는 구분돼야 한다. 해고란 '근로자가 계속 근로의사가 있음에도 불구하고 회사가 일방적으로 근로 계약을 해지'하는 것을 말하며, '근로기준법'에 의해 그 요건과 절차, 방법 등이 정해져 있고, 부당해고인 경우에는 구제가 가능하다. 권고사직이란 회사가 '근로계약 종료의사가 있음을 근로자에게 통보하고 근로자가 이를 수용'하는 것을 말하며, 이는 당사자 간의 합의에 의한 근로계약의 종료이므로 법적인 보호대상이 되지 않는다. 물론 예외적으로 실업급여 수급 자격을 인정받을 수 있지만, 회사가 권고사직하였음을 인정하지 않는다면 실업급여 수급자격을 인정받기 어렵다. 권고사직에 관한 응답도 제법 있었지만, 해고에 해당하는 답변 가운데 일부를 꼽았다.

(1) "이전 회사에서 회사 매출 하락과 상사와의 불화를 이유로 하루 만에 해고를 당했다. 해고예고수당은 받았지만 당일 해고라는 게 쉽게 사라지는 상처는 아닐 수밖에."

(2) "2007년 10명 정도 규모의 출판사에서 일할 때, 사무실 이사를 하루 앞둔 날, 아침에 회의가 갑자기 소집됐다. 회의실에 모인 직원들에게 사장은, 회사가 어려워 다 같이 이사하기 어려우니 사장과 경리 1명만 이사한다고 했다. 그러면서 오늘 당장 업무를 정리하고 짐 싸서 나가라고 했다. 1개월 월급 더 주는 걸로 자신의 최선을 다했다면서……. 그날 대부분의 직원이 동시에 백수가 됐다. 사장이 힘들어서 내린 결론이라 해서 대응이고 뭐고 할 수도 없었다. 지금 생각해도 어이가 없다. 그 뒤로 4개월 동안 정신 나간 사람처럼 넋 놓고 살았다. 출판계

에서 월급도 떼이고 출산휴가 중에 해고당하고, 또 저렇게 떼로 해고도 당해 보았다."

(3) "회사 측에서 먼저 퇴사를 요구하며 사직서를 쓰라고 종용했다. 정규직을 해고하면서 졸속으로 만든 6개월짜리 허위 계약직 근로계약서에 서명하도록 요구했다. 서명하면 실업급여를 받을 수 있게 하고, 한 달 월급을 주겠다며 회유했다. 이 두 가지 모두 그 서명과 무관히 이미 보장된 권리인데, 회사가 대단한 배려를 해 주는 듯 거짓 생색을 내며 회유와 협박의 도구로 사용했다. 당사자가 해고 통지서를 요구하자 사장이 멱살을 잡고 소리를 질렀다."

(4) "의학서적을 출간하는 출판사의 일이다. 편집팀에는 디자이너 4명과 교정교열 담당자 1명이었고, 사장과 실장(사장의 부인)이 기획하거나 외부에서 청탁받은 원고를 출간했다. 입사 7개월째에 새로운 중간관리자가 들어오더니 갑자기 교정 교열 담당자에게 해고 통보를 했다. 사유는 원고의 리라이팅을 잘하지 못한다는 것이었다. 주로 의사들이 저자이다 보니, 하고 싶은 말은 많은데 그걸 문장으로 잘 풀어내질 못해서 교정 교열 보는 시간이 오래 걸렸지만, 그에 관한 고려는 없었다. 심지어 면접 당시 사장에게서 리라이팅에 대해 전혀 들은 바가 없다고 말했지만, 해고통보를 하는 중간관리자 실장은 그럴 리가 없다며 실력이 없으니 그만두길 바란다는 말을 했다. 어렵게 들어간 회사를 그만두고 싶지는 않았지만, 그때 당시 이미 디자이너 3명이 회사와 잘 맞지 않는다는 이유로 차례대로 해고한 상황이어서(심지어 오후 5시 통보하여 당일 퇴사까지) 지금 잠깐 버틴다 해도 어떻게든 다시 해고 통보를 받을 것 같아 수용했다. 혹시나 해서 실업급여 처리를 부탁했더니 선심 쓰듯 알겠다고 하여, 2일 후에 퇴사했다."

(5) "회사에 들어간 지 5개월 만에 시장 악화를 이유로, 입사한 지 얼마 안 된 직원들 10여 명이 함께 해고당한 적이 있다. 해고된 직원들 각자에게 해고할 만한 특정 사유는 없었다. 한 달치 급여를 받기로 하고 대응하지 않았다. 어떻게 대응해야 하는지조차 잘 몰랐다."

(6) "신입으로 입사하고 한 달 뒤, 제대로 일을 하지 못한다는 이유로 해고당했다. 편집장은 '너는 이 바닥에 있을 역량이 안 되니 다른 일을 찾아보라'고 했다. 그리고 그날 바로 짐을 싸

서 나왔다. 지금 생각해 보면 그 누구도 나에게 어떻게 일정을 조절해야 하는지, 업무를 어떤 식으로 진행해야 하는지 알려 준 사람이 없었다. 처음부터 능력 밖의 일을 시킨 회사의 잘못이 컸던 것 같다."

(7) "전에 일하던 출판사는 근로계약서도 쓰지 않고 구인광고에는 없던 일명 '13분의 1'로 퇴직금을 지급하지 않는 곳이다. 사장의 무능력으로 임금도 제때 못 받고 그에 따른 설명도 듣지 못했다. 그러다가 원래 일하던 부서가 아닌 다른 사업팀의 일을 맡으라며 압박했고, 결국 사장의 말을 안 듣는다는 이유로 해고당했다."

(8) "최근 사내 성폭력 사태로 알려진 출판사의 사례와 굉장히 비슷한 상황을 겪었다. 사장으로부터 성추행을 당하고 퇴사하게 됐다. 가해자인 사장은 '증거 불충분이다, 별일 아닌 것을 크게 만든다'며 오히려 명예훼손을 내세우며 협박했고, 지위를 이용해 직원들의 입을 틀어막으면서 같이 저항했던 직원까지 해고하는 등 파렴치한 행동을 했다. 하지만 누구도 힘이 돼 주지 않았다. 이 억울함을 풀려면 스스로 돈과 시간을 들여 변호사를 선임하여, 경찰도 검찰도 거들떠보지도 않는 사건을 긴 세월 동안 싸워야 하는 방법밖에 없었다. 상사에게 도움을 요청했으나 모르는 체했고 오히려 당사자를 못살게 굴며 회사에 남아 있을 수 없게 만들었다. 이 일을 겪고 나서 몇 개월간을 정신과 치료를 받을 정도였는데, 상처가 깊어지기 전에 모든 기억을 지우자 생각하며 피할 수밖에 없었다. 당시, 도와줄 수 있는 기관도 단체도 사람도 거의 없었다."

(9) "입사 4개월 만에 해고 통보를 받았다. 회사 사정이 어려워 정리해고를 해야 한다는 이유였다. 그런데 그 고작 4개월 동안에도 직원을 3~4명 더 뽑았음에도, 갑자기 경영상의 이유가 닥쳤다며 신규 채용 직원을 갑자기 일괄 해고한 것이 납득하기 어려웠다."

(10) "대표는 자신의 금전적 수익이 줄어들면 여직원부터 해고했다. 표면적으로는 회사가 어렵다는 것이었다. 직원들이 해고를 거부하면 반말과 고성을 일삼았다. 한 동료의 경우, 부당해고 소송까지 진행해 승소했으나 정직 처분을 내리고 수개월간 괴롭히기도 했다."

출판, 노동, 목소리

발행일 2015년 7월 22일

지은이 고아영, 김신식, 양현범, 이수정, 이용석,
장미경, 정우진, 정유민, 진영수, 최진규, 황현주
기획 강준선, 양선화
펴낸이 김경미
디자인 강준선
영업 김유민
편집 김유민
펴낸곳 숨쉬는책공장
종이 영은페이퍼(주)
인쇄&제본 (주)상지사P&B

등록번호 제2014-000031호
주소 서울시 마포구 잔다리로 61 402호, 121-894
전화 070-8833-3170 팩스 02-3144-3109
전자우편 sumbook2014@gmail.com

ISBN 979-11-86452-04-2 04300

이 도서의 국립중앙도서관 출판시도서목록(CIP)은
서지정보유통지원시스템 홈페이지(http://seoji.nl.go.kr)와
국가자료공동목록시스템(http://www.nl.go.kr/kolisnet)에서
이용하실 수 있습니다.(CIP제어번호: CIP2015018807)